La urgencia de ganar almas

Una misión para cumplir la Gran Comisión: ganar a los perdidos cueste lo que cueste

Pastora Dra. Claudine Benjamin

LA URGENCIA DE GANAR ALMAS. Copyright @ 2025. Pastora Dra. Claudine Benjamin. Todos los derechos reservados.

Para más información o para reservar un evento, escribe a: inspiredtowinsouls@gmail.com

Ninguna parte de esta publicación puede ser reproducida, almacenada en un sistema de recuperación ni transmitida por ningún medio, ya sea electrónico, mecánico, fotocopia, grabación u otro, sin el permiso previo y por escrito de la autora.

Algunas secciones de este libro incluyen contenido adaptado de The Great Commission Connection, del Dr. Raymond Culpepper. Usado con permiso. Todos los derechos reservados.

Publicado por:

Editor: Cleveland O. McLeish (autor C. Orville McLeish)

ISBN: 978-1-965635-38-4 (tapa blanda)

A menos que se indique lo contrario, todas las citas bíblicas se han tomado de la versión Reina-Valera.

Las citas bíblicas marcadas como «Reina-Valera» provienen de la Santa Biblia, versión Reina-Valera (Dominio público).

Dedicatoria

Este libro está dedicado a cada creyente que entiende que el tiempo es corto, la eternidad es real y la cosecha ya está lista.

A mis hijos y nietos, oro para que el peso por las almas perdidas repose sobre ustedes y que estén dispuestos a ganarlas, cueste lo que cueste.

A los ganadores de almas (del pasado, presente y futuro) que responden al llamado de «id por todo el mundo y predicad el evangelio», vuestra obediencia resuena en el cielo.

A quienes llevan una carga en el corazón por los perdidos, que el fuego en vosotros nunca se apague. A quienes todavía están esperando dar el paso hacia la misión, que este libro despierte en vosotros una santa urgencia.

Por encima de todo, esta dedicatoria es para nuestro Señor y Salvador Jesucristo, el que vino a buscar y salvar lo que se había perdido, nos dio la Gran Comisión y pronto regresará.

Trabajemos mientras sea de día, porque la noche viene, cuando nadie podrá trabajar.

«El fruto del justo es árbol de vida; y el que gana almas es sabio».
(Proverbios 11:30)

Agradecimientos

Ante todo, doy toda la gloria y el honor a Dios, cuyo amor por la humanidad alimenta el fuego que arde dentro de mí para cumplir el llamado de la Gran Comisión. Este libro no habría sido posible sin Su dirección divina, Su gracia y Su unción.

Con profundo agradecimiento, quiero expresar mi sincera gratitud al Dr. Raymond F. Culpepper por su generosa autorización para incluir fragmentos de su poderoso y revelador trabajo, *The Great Commission Connection*. Su dedicación de toda la vida a la evangelización y al discipulado sigue siendo una fuente de inspiración para líderes y creyentes en todo el mundo. Gracias, Dr. Culpepper, por su generosidad, su legado y su corazón apasionado por alcanzar a los perdidos.

A mi familia y seres queridos: gracias por creer en el llamado que Dios ha puesto sobre mi vida y por acompañarme con vuestras oraciones, ánimos y sacrificios incontables. Vuestra paciencia y amor me han sostenido en muchas etapas, y estaré eternamente agradecida.

A mi familia en la fe y a quienes caminan conmigo en el ministerio: gracias por vuestro apoyo, aliento y oraciones. Vuestro amor y fidelidad han sido un pilar de fuerza en este recorrido.

A cada ganador de almas, predicador, intercesor y formador de discípulos: este libro es para ti. Que avive tu fuego, renueve tu enfoque y te empuje a una obediencia más profunda al llamado de la Gran Comisión. Vamos al mundo entero a proclamar las Buenas Nuevas y a rescatar a los perdidos, cueste lo que cueste.

Y, por último, a cada lector: gracias por emprender este viaje conmigo. Mi oración es que este libro despierte algo en tu interior que no puedas ignorar: una urgencia por ganar almas, un hambre por alcanzar a los no alcanzados, y una carga por cumplir el mandato de Cristo en tu generación.

Que estas páginas enciendan tu corazón con una urgencia inquebrantable por salvar almas y convertirte en un obrero en el campo de la cosecha. Oro para que cada palabra te lleve a la acción, profundice tu compasión por los perdidos y te impulse a cumplir tu parte en la Gran Comisión, sin importar el costo. Que este libro sacuda tu espíritu y reavive tu pasión por las almas con urgencia, compasión y valentía.

Juntos, ganemos a los perdidos... cueste lo que cueste.

Con gratitud,

Pastora Claudine Benjamin

Sobre la autora

La pastora Claudine Benjamin es una ganadora de almas apasionada, una sierva dedicada del Señor y una voz que clama con urgencia para despertar a la iglesia a su misión divina: la Gran Comisión. Con un corazón que late por los perdidos y una voz que habla la verdad con claridad y compasión, la pastora Claudine lleva años ministrando el evangelio a través de la predicación, la enseñanza y la evangelización personal.

Su llamado es claro: encender un fuego en los creyentes para que alcancen a los que aún no han oído, amen a los que no son amados y hablen la verdad de la salvación sin compromisos. Basándose en las Escrituras, en su experiencia personal y en la convicción del Espíritu Santo, inspira a otros a caminar con valentía en su llamado y convertirse en obreros en el campo de la cosecha.

La pastora Claudine es predicadora, autora, mentora e intercesora, y su misión es equipar a otros para que sean testigos valientes de Cristo. Su ministerio lleva un mensaje de urgencia, obediencia y amor, recordándole a la iglesia que el tiempo es corto y que la eternidad es real.

Cuando no está escribiendo o ministrando, está orando, ayunando y entregándose a los demás con un compromiso inquebrantable hacia su llamado. Su mayor deseo es escuchar las palabras: «Bien, sierva buena y fiel», y ver a multitudes venir a Cristo a través de una iglesia que se atreva a responder al llamado.

Además, la pastora Claudine es una orgullosa madre y abuela de seis hermosos nietos.

Índice

Dedicatoria iiiii
Agradecimientos v
Sobre la autora vii
Introducción: La urgencia de ganar almas 11
Capítulo 1: Todos pueden ganar almas 15
Capítulo 2: La Palabra, la oración y el Espíritu Santo en la tarea de ganar almas 19
Capítulo 3: Ámalos hasta llevarlos al Reino 35
Capítulo 4: Ganar almas en la familia 39
Capítulo 5: Ganar almas en el lugar de trabajo 45
Capítulo 6: ¿Cómo empiezo a ganar almas? 49
Capítulo 7: Con el corazón abierto 53
Capítulo 8: Personas con dificultades 61
Capítulo 9: Personas con excusas 77
Capítulo 10: Los autosuficientes 83
Capítulo 11: Escépticos 93
Capítulo 12: Objeciones al llevar almas a Cristo 107
Capítulo 13: Llenos de excusas 117
Capítulo 14: Consejos para ganar almas 125

Capítulo 15: Los inseguros 137
Capítulo 16: Poder para ganar almas 153
Capítulo 17: Los indiferentes 159
Capítulo 18: La Gran Comisión 165
Capítulo 19: Mandado de predicar: la predicación bíblica y la Gran Comisión 177
Capítulo 20: Evangelismo personal y la Gran Comisión 195
Capítulo 21: Alcanzando a los no alcanzados: misiones mundiales y la Gran Comisión 201
Capítulo 22: Equipando a la iglesia para el evangelismo 207
Lista de referencias bíblicas: Equipando a la iglesia para el evangelismo 215
Escrituras sobre ganar almas y la Gran Comisión .... **Error! Bookmark not defined.**
Llamada a la acción: Tus próximos pasos como ganador de almas 221
Bibliografía 223

Introducción

La urgencia de ganar almas

Ganar almas forma parte de la Gran Comisión.

Jesús dijo en Marcos 16:15: *«Id por todo el mundo y predicad el evangelio a toda criatura»*. Sin embargo, el objetivo final es hacer discípulos, tal como se expresa en Mateo 28:18-20: *«Y Jesús se acercó y les habló diciendo: Toda potestad me es dada en el cielo y en la tierra. Por tanto, id, y haced discípulos a todas las naciones, bautizándolos en el nombre del Padre, y del Hijo, y del Espíritu Santo; enseñándoles que guarden todas las cosas que os he mandado; y he aquí yo estoy con vosotros todos los días, hasta el fin del mundo. Amén»*.

Solo quienes han sido salvos pueden llegar a ser verdaderamente discípulos.

Ganar almas es sabio (véase Proverbios 11:30).

La evangelización actúa como una armadura de protección: *«Y calzados los pies con el apresto del evangelio de la paz». (Efesios 6:15)*

Pastora Dra. Claudine Benjamin

Ganar almas debe ser algo urgente.
La urgencia no viene solo del método, sino de la realidad del estado espiritual de la humanidad. El tiempo es corto, y quienes mueran en sus pecados se perderán en el infierno bajo la justa e implacable ira de Dios.

Hay una urgencia en ganar almas porque el pecado le costará muy caro al mundo.

Ezequiel 18:4 dice: «*He aquí que todas las almas son mías; tanto el alma del padre como el alma del hijo son mías: el alma que pecare, esa morirá*». El alma que peca morirá. Las almas claman, la gente se está perdiendo. Tenemos que ganar a los perdidos cueste lo que cueste.

En la sociedad moderna, el pecado ha perdido su aguijón. Se ha diluido usando términos psicológicos y se le llama debilidad o enfermedad. Pero las consecuencias del pecado no han cambiado. El pecado nos separa de Dios, crea sentimientos de culpa e inferioridad, y le roba al pecador la paz mental.

El pecado, tarde o temprano, saldrá a la luz.

Muchos intentan ignorar esta realidad. Creen que son la excepción a la ley divina que dice: «*Lo que uno siembra, eso también cosechará*». La gente piensa muy poco en las consecuencias de sus pecados. El pecado puede ser increíblemente costoso. No podemos calcular plenamente la cantidad de tristeza y dolor que ha causado en el mundo.

Cuando pecas, te alejas de Dios al seguir tu propio camino en lugar del Suyo. Aceptar a Jesucristo como tu Redentor y Salvador personal, y decidir vivir en Su presencia, es la única manera de protegerte contra el pecado. A través de Él experimentarás la verdadera libertad, ya que el Espíritu Santo te dará poder para vivir en victoria y sin culpa.

Como nacidos de nuevo, debemos estar deseosos de compartir la verdad de que, a lo largo de la historia, quienes han recibido a Cristo en sus vidas han encontrado alegría. Jesús mismo dijo: *«Yo he venido para que tengan vida, y para que la tengan en abundancia» (Juan 10:10)*. Esto significa que puedes vivir en paz, sabiendo que Él siempre está contigo.

Hoy en día, muchas personas están atrapadas en hábitos dañinos y elecciones destructivas. Cristo vivo les ofrece libertad, rompiendo las cadenas del pecado. Otros anhelan amor, misericordia y compasión en un mundo duro e implacable. Jesús todavía extiende Su gracia a todos los que lo aceptan como su Redentor y Salvador.

Cuando recibes al Maestro en tu vida con el mismo entusiasmo que sintió el pueblo de Jerusalén, la alegría y la paz de Cristo llenarán tu corazón.

Para ser un ganador de almas efectivo, debes mirar más allá de tus circunstancias actuales. No permitas que las limitaciones o distracciones te impidan cumplir este gran llamado. Elimina todo lo que obstaculice tu enfoque y comprométete de todo corazón a servir al Señor en la tarea de ganar almas este año: ese es tu propósito.

Ganar almas es compartir la Palabra de Dios y dar a otros la oportunidad de aceptar a Cristo, salvándolos de una separación eterna de Dios. A través de esto, entran en una relación con Cristo, experimentando Su bondad y herencia incluso en esta vida. Como escribió Fanny Crosby de manera tan hermosa, ganar almas es «Rescatar al perdido y cuidar al moribundo».

Aunque Dios utiliza a las personas como instrumentos en la tarea de ganar almas, la obra en sí le pertenece a Él de principio a fin. Como es Su misión, podemos tener la certeza de que, al trabajar en la evangelización, Él atraerá a las personas hacia la salvación. Por encima de todo, debemos creer en el poder de Dios para transformar vidas.

Capítulo 1

Todos pueden ganar almas

Para ser un ganador de almas efectivo, es necesario cumplir con ciertos requisitos, aunque todo hijo de Dios puede alcanzarlos y llevar a otros a Cristo.

Primero y, ante todo, cualquier persona que desee tener verdadero éxito en ganar almas debe conocer personalmente a Jesús como su Salvador. Si queremos guiar a otros hacia Él, debemos apartarnos del pecado, del mundo y del egoísmo, entregando por completo nuestro corazón a Jesús. Él debe tener el señorío absoluto sobre nuestros pensamientos, propósitos, acciones y sobre toda nuestra vida.

Si insistimos en hacer las cosas a nuestra manera en lugar de rendirnos a Él, nuestra capacidad para ganar almas se verá obstaculizada, y vidas que podrían haberse salvado podrían perderse.

Cuando Cristo es verdaderamente honrado en nuestras vidas, nuestras ambiciones personales se desvanecen y Dios pasa a ser el centro de nuestra mente y de nuestras acciones. Así es como nos convertimos en instrumentos eficaces en Sus manos.

Para ser un ganador de almas exitoso, te animo a desarrollar estas cualidades: santidad de carácter, entrega total a Dios, una vida espiritual profunda y activa, consagración diaria, humildad, fe firme y la unción del Espíritu Santo.

Razones para ganar almas

La razón más importante para ser un ganador de almas es que es un mandamiento de Dios. Ganar almas no es simplemente un programa de la iglesia ni una estrategia para crecer: es un mandato directo del Señor Jesús para cada creyente. Esto convierte la tarea de ganar almas en la mayor responsabilidad de todo cristiano.

Cuando decimos que es un mandamiento, ¿qué queremos decir? Un mandamiento es algo que debe obedecerse; no está abierto a discusión, sugerencia ni debate. De la misma manera que el amor es un mandamiento, también lo es el ganar almas. Es hora de que respondamos a este llamado y tomemos en serio la misión de evangelizar.

Jesús lo dejó muy claro en Mateo 28:18-19: *«Y Jesús se acercó y les habló diciendo: Toda potestad me es dada en el cielo y en la tierra. Por tanto, id, y haced discípulos a todas las naciones, bautizándolos en el nombre del Padre, y del Hijo, y del Espíritu Santo»*.

Otra razón poderosa para ser un ganador de almas es la alegría que produce en el cielo. La Biblia nos dice que cuando un pecador se arrepiente, hay gran gozo entre los ángeles. La sanidad divina, la liberación y otros milagros son maravillosos, pero nada provoca mayor alegría en el cielo que la salvación de un alma. Ganar almas no solo agrada a Dios: es Su mayor deleite.

Hay alegría en el cielo por cada alma que se arrepiente. Por eso tú y yo debemos ser ganadores de almas. Cuando guías a alguien a Cristo, produces alegría en el cielo. Gracias a Dios por la sanidad divina, la liberación y otras buenas obras, pero lo que verdaderamente alegra el corazón del Padre es la salvación de las almas. Ganar almas es algo que da placer a Dios, y es correcto decir que la mayor alegría en el cielo proviene de ganar almas.

Por tanto, debemos aceptar este desafío y tomarnos la evangelización en serio. Lucas 10:7 dice: *«Y posad en aquella misma casa, comiendo y bebiendo lo que os den; porque el obrero es digno de su salario. No andéis de casa en casa»*. Y en Lucas 10:10, Jesús instruye: *«Mas en cualquier ciudad donde entréis, y no os reciban, salid a sus calles y decid»*.

Ganar almas es nuestra asignación divina. Abracémosla con todo el corazón, sabiendo que cada salvación trae alegría al cielo.

Hay millones de personas en el mundo que aún no han sido salvas. Por eso la misión de ganar almas debe tomarse muy en serio.

¿Te das cuenta de que muchos nunca han escuchado el evangelio? ¿Sabes que incontables almas están caminando hacia una eternidad perdida? Incluso ahora mismo hay personas que aún no conocen a Jesucristo como su Señor y Salvador personal.

Por eso ganar almas no es opcional: **es un mandato divino**. Que esta misión llene tu corazón y motive tus acciones, en el nombre de Jesús.

Pastora Dra. Claudine Benjamin

Cada alma es eterna: no puede morir. Cuando el cuerpo perece y vuelve al polvo, ya sea enterrado, cremado o perdido en el mar, el alma continúa viviendo. Existirá por toda la eternidad.

Cada alma tiene el potencial de ser transformada a la imagen de Cristo. No importa cuán perdida o arruinada parezca una persona, puede ser cambiada por el poder y la misericordia de nuestro Dios amoroso.

Nosotros mismos somos testimonios vivos de esta verdad. En otro tiempo, estábamos perdidos en el pecado, viviendo vidas sin rumbo y sin sentido. Pero en el momento en que elegimos abrir nuestro corazón a Dios, Él extendió Sus manos amorosas, nos rescató del pecado, nos limpió y nos transformó. ¡Ahora, caminamos por la senda de la gloria!

Capítulo 2

La Palabra, la oración y el Espíritu Santo en la tarea de ganar almas

Si de verdad quieres ganar almas, debes tener un conocimiento profundo y práctico de la Palabra de Dios. La Biblia la llama *«la espada del Espíritu»* (ver Efesios 6:17), que Dios usa para convencer los corazones, revelar a Cristo y salvar a hombres y mujeres de la condenación eterna.

Debemos apoyarnos tanto en la Palabra de Dios como en el Espíritu Santo para llevar a las personas a Cristo. La Palabra revela la necesidad que tiene la humanidad de un Salvador, presenta a Jesús como el único Salvador y muestra el camino para recibirlo de manera personal.

Conocer a Cristo como Salvador equipa a los creyentes para enfrentar los desafíos del camino cristiano. Para ser verdaderamente efectivos en la tarea de ganar almas, debemos trabajar en asociación con el Espíritu Santo, quien nos guiará hacia los pasajes bíblicos correctos en cada situación, conduciendo así las almas a Cristo.

Pastora Dra. Claudine Benjamin

Debemos recordar siempre que el Espíritu Santo es quien convence al pecador, convierte al arrepentido y consagra al creyente.

La salvación es completamente obra del Espíritu Santo. Él nos usa como instrumentos para ministrar a la humanidad perdida, pero es Su poder el que transforma las vidas.

Oración

Si queremos tener éxito en llevar almas a Cristo, la oración es esencial: una oración sincera, frecuente e intercesora. Cada paso en el proceso de ganar almas debe estar fundamentado en la oración.

Primero, debemos pedirle a Dios que nos guíe hacia las personas correctas. No es Su intención que hablemos con todos los que encontremos, ya que eso podría hacernos perder tiempo valioso con personas que no están listas para recibir el mensaje. Más bien, debemos buscar Su dirección, confiando en que Él nos llevará a aquellos cuyos corazones ya están preparados.

Hechos 8:29 dice: *«Y el Espíritu dijo a Felipe: Acércate y júntate a ese carro»*. Este pasaje muestra cómo el ángel del Señor dirigió a Felipe hacia el eunuco etíope, lo que resultó en su salvación. De la misma manera, cuando oramos, Dios nos guía hacia aquellos que ha preparado para recibir Su Palabra.

La oración es esencial para ganar almas

Mientras nos dedicamos a ganar almas, debemos buscar la guía del Señor. El Espíritu de Dios siempre está obrando en la vida de las personas, atrayéndolas hacia Él, y Su poder está disponible para nosotros cuando compartimos el evangelio.

Necesitamos orar pidiendo Su dirección, pidiéndole que nos lleve a las personas correctas en el momento oportuno. También debemos confiar en Su poder para vencer el miedo y para hablar las palabras correctas con sabiduría y valentía.

Como Dios conoce cada corazón, Él nos guiará sobre qué decir y qué pasajes de la Biblia compartir con aquellos a quienes nos lleve.

Los ganadores de almas con experiencia pueden testificar de momentos en los que Dios los dirigió a versículos específicos de la Escritura que quizá no habrían elegido por sí mismos, pero que resultaron ser exactamente lo que se necesitaba en ese momento. Cuando confiamos en el Espíritu Santo, Él nos equipa con las palabras adecuadas para tocar vidas y llevar almas a Cristo.

El poder de la oración en la conquista de almas

Debemos pedirle a Dios las palabras correctas para decir y Su poder para que esas palabras sean efectivas. No basta con tener un mensaje de parte de Dios: necesitamos Su poder divino para llevar ese mensaje al corazón de la persona a la que estamos evangelizando.

Los ganadores de almas deben aprender esta lección a través de la experiencia: no podemos convertir a un pecador con nuestras propias fuerzas. Pero cuando elevamos una oración sincera pidiendo la ayuda de Dios, Él nos escucha y nos da la fuerza que necesitamos.

Pastora Dra. Claudine Benjamin

Después de haber hecho nuestra parte, debemos confiar en que Dios continuará la obra. Independientemente de que nuestros esfuerzos parezcan exitosos o no, debemos encomendar cada alma a Dios en oración.

En el ajetreado mundo de hoy, una de las mayores necesidades de todo trabajador es dedicar más tiempo a la oración. Orar más no significa trabajar menos; significa lograr mucho más a través del poder de Dios.

El Espíritu Santo

Para ser un ganador de almas exitoso, debes ser bautizado con el Espíritu Santo. Hechos 1:8 declara: *«Pero recibiréis poder cuando haya venido sobre vosotros el Espíritu Santo, y me seréis testigos en Jerusalén, en toda Judea, en Samaria y hasta lo último de la tierra»*.

Jesús pronunció estas palabras a sus discípulos después de darles la Gran Comisión, instruyéndolos a llevar a hombres y mujeres hacia Él. La clave para tener poder en el evangelismo sigue siendo la misma hoy en día: llega después de que el Espíritu Santo nos llena.

El día de Pentecostés, cuando el Espíritu Santo descendió sobre los discípulos, más de 3.000 almas fueron salvas. Esto demuestra que el verdadero éxito en la evangelización solamente es posible a través del poder del Espíritu Santo.

Recibiréis poder: El Espíritu Santo y la Gran Comisión

Justo antes de su ascensión, Jesús se reunió con sus discípulos en una ladera de Galilea. Probablemente fue uno de los momentos más significativos que compartirían con Él. Fue allí donde anunció la declaración de misión de la iglesia: sus órdenes de marcha.

Ese día, Jesús presentó un plan para la evangelización mundial, una misión tan vital que se conoció como la Gran Comisión. ¿Quién hubiera imaginado que una reunión tranquila en una ladera de Galilea marcaría el rumbo de la historia y establecería el modelo para llevar el evangelio al mundo entero?

Durante esa reunión, Jesús:

- Declaró su autoridad.
- Dio su mandato.
- Trazó el plan de acción.
- Expuso la responsabilidad de los discípulos.
- Les entregó su mensaje.

Además, les aseguró su presencia eterna. La autoridad para la Comisión quedó clara: *«Toda potestad me es dada en el cielo y en la tierra».* (Mateo 28:18)

Como el Hijo de Dios todopoderoso, Jesús garantizó que todo el poder del cielo y de la tierra respaldaba esta misión divina. Luego les dio la orden: *«Por tanto, id, y haced discípulos a todas las naciones, bautizándolos en el nombre del Padre, y del Hijo, y del Espíritu Santo».* (Mateo 28:19)

Jesús les trazó el plan de acción: ir, enseñar a todas las personas en todas partes, bautizarlas e instruirlas para que cumplieran todo lo que Él había mandado. También les recalcó su obligación: seguir y enseñar todo lo que Él les había dicho. Finalmente, les dio una promesa que permanecería para siempre: *«He aquí yo estoy con vosotros todos los días, hasta el fin del mundo. Amén».* (Mateo 28:20)

Desde Galilea, los discípulos emprendieron el camino hacia el Monte de la Ascensión, y de allí fueron al aposento alto, donde permanecieron hasta que llegó el Día de Pentecostés. Cada uno de los evangelistas —Mateo, Marcos, Lucas y Juan— registró su propia versión de la Gran Comisión.

El relato de Mateo

«Vayan y hagan discípulos de todas las naciones, bautizándolos en el nombre del Padre, del Hijo y del Espíritu Santo; enseñándoles a obedecer todo lo que les he mandado. Y recuerden que yo estoy con ustedes todos los días, hasta el fin del mundo. Amén». (Mateo 28:19-20)

El relato de Marcos

«Vayan por todo el mundo y prediquen el evangelio a toda criatura. El que crea y sea bautizado será salvo; pero el que no crea será condenado. Y estas señales acompañarán a los que crean: en mi nombre expulsarán demonios, hablarán nuevas lenguas». (Marcos 16:15-17)

El poder del Espíritu Santo en la Gran Comisión

El relato de Lucas

«Y que se predicase en su nombre el arrepentimiento y el perdón de pecados en todas las naciones, comenzando desde Jerusalén. Y ustedes son testigos de estas cosas. Ahora yo enviaré sobre ustedes

la promesa de mi Padre; pero quédense en la ciudad de Jerusalén hasta que sean revestidos con poder de lo alto». (Lucas 24:47-49)

El relato de Juan

«Entonces Jesús les dijo otra vez: Paz a vosotros. Como me envió el Padre, así también yo os envío. Y habiendo dicho esto, sopló y les dijo: Recibid el Espíritu Santo». (Juan 20:21-22)

Confirmación de Lucas en el libro de los Hechos

«Y estando juntos, les mandó que no se fueran de Jerusalén, sino que esperaran la promesa del Padre, la cual —les dijo— oyeron de mí. Porque Juan ciertamente bautizó con agua, pero ustedes serán bautizados con el Espíritu Santo dentro de no muchos días. Pero recibirán poder cuando haya venido sobre ustedes el Espíritu Santo, y me serán testigos en Jerusalén, en toda Judea, en Samaria y hasta lo último de la tierra». (Hechos 1:4-5, 8)

En el contexto de la Gran Comisión, vemos tanto el poder del Espíritu Santo como la necesidad del bautismo en el Espíritu para cumplir con esta misión divina. El poder del Espíritu Santo es la fuerza que impulsa la Gran Comisión.

Cristo no solo les dio la orden de ir, sino que también les mandó esperar: «Vayan, pero esperen». No debían salir de Jerusalén hasta estar completamente equipados. Jesús lo dejó muy claro: «Necesitan ser revestidos de poder desde lo alto». La palabra griega para *revestidos* es *enduo*, que significa *ser vestidos o cubiertos*. Jesús, en esencia, les estaba diciendo: «No vayan hasta que estén vestidos de poder desde lo alto».

Pastora Dra. Claudine Benjamin

El papel del Espíritu Santo desde la creación hasta la redención

Es muy significativo que el último mensaje que Jesús predicó antes de su ascensión hablara sobre la plenitud del Espíritu, porque el poder para ser testigos no era opcional. Era un mandato: *«No vayan hasta que estén llenos»*.

Desde el Génesis hasta el Apocalipsis, el Espíritu Santo ha tenido un papel vital en el plan redentor de Dios para la humanidad. La Biblia comienza con las palabras: «En el principio creó Dios», y vemos que el Espíritu se movía sobre la faz de las aguas. El plan de salvación no fue una idea de último momento: Jesús fue el Cordero inmolado desde la fundación del mundo.

A lo largo de las Escrituras, vemos al Espíritu Santo en acción, desde la creación hasta los tiempos finales. Incluso en el último libro de la Biblia, el Espíritu sigue llamando a los perdidos: *«Y el Espíritu y la Esposa dicen: ven... Y el que quiera, tome del agua de la vida gratuitamente».* (Apocalipsis 22:17)

La obra del Espíritu Santo en alcanzar a los perdidos

El ministerio del Espíritu Santo hacia los perdidos está claramente explicado por Jesús en Juan 16:7–11:

«Pero yo os digo la verdad: os conviene que yo me vaya; porque si no me fuera, el Consolador no vendría a vosotros; mas si me voy, os lo enviaré. Y cuando Él venga, convencerá al mundo de pecado, de justicia y de juicio: de pecado, por cuanto no creen en mí; de justicia, por cuanto voy al Padre, y no me veréis más; y de juicio, por cuanto el príncipe de este mundo ha sido ya juzgado».

Jesús explica aquí el papel esencial del Espíritu Santo en atraer a los pecadores hacia la salvación. El proceso de cómo un pecador llega a Cristo queda claramente expuesto:

1. **Convicción de pecado** – El Espíritu Santo convence a los pecadores de su incredulidad, mostrándoles su necesidad de Cristo.
2. **Revelación de la justicia** – El Espíritu Santo da testimonio de la justicia de Cristo, mostrando que Jesús es el único camino hacia el Padre.
3. **Advertencia del juicio** – El Espíritu Santo deja claro que Satanás ya ha sido juzgado, y que quienes rechacen a Cristo también enfrentarán el juicio.

Sin la obra del Espíritu Santo, ningún pecador reconocería su condición perdida ni su necesidad de salvación. A través de su divina convicción, los corazones son ablandados y atraídos hacia Cristo.

El papel del Espíritu Santo en la salvación

El Espíritu Santo cumple un papel vital en llevar a los pecadores a Cristo. Lo hace a través de tres funciones principales:

1. **Convicción de pecado** – El Espíritu Santo revela a los pecadores su condición perdida, haciéndoles ver su necesidad de salvación. Juan 16:8 dice: «*Y cuando Él venga, convencerá al mundo de pecado, de justicia y de juicio*». Nadie puede reconocer su necesidad de Cristo hasta que el Espíritu se la muestra.
2. **Atracción del pecador** – El mismo Jesús declaró: «*Nadie puede venir a mí si no lo atrae el Padre que me envió» (Juan*

6:44a). El Espíritu Santo es quien atrae al pecador hacia Cristo, tocando su corazón y despertando su necesidad espiritual.
3. **Iluminación a través de la Palabra** – El Espíritu Santo usa la Palabra de Dios para abrir los ojos de los pecadores. Efesios 1:18 habla de esta obra: «*Alumbrando los ojos de vuestro entendimiento*». Cuando el evangelio se predica con el poder del Espíritu, penetra en los corazones y lleva a las personas al arrepentimiento.

Ejemplos bíblicos de la convicción del Espíritu Santo

El Nuevo Testamento nos muestra casos claros donde el Espíritu Santo convenció a los pecadores:

- **Pentecostés** (ver Hechos 2:37) – Pedro predicó bajo la unción del Espíritu Santo, y la gente «se compungió de corazón» y preguntó: «Varones hermanos, ¿qué haremos?». Como resultado, 3.000 almas fueron salvas.
- **El sermón de Esteban** (ver Hechos 7:54) – Cuando Esteban proclamó la verdad, las personas «se enfurecieron en sus corazones». Sin embargo, en lugar de rendirse, resistieron al Espíritu y apedrearon a Esteban.
- **La conversión de Pablo** (Hechos 9:3-5) – En el camino a Damasco, Pablo tuvo un encuentro divino con Jesús. Jesús le dijo: «Dura cosa te es dar coces contra el aguijón», refiriéndose a la convicción interna que Pablo había estado resistiendo.

El poder del Espíritu Santo en la evangelización

Un predicador preguntó una vez cómo era posible que tantos fueran ganados para Cristo mediante mensajes sobre el Espíritu Santo. La respuesta es sencilla: no es nuestro poder el que salva, sino el Espíritu Santo obrando a través de nosotros. Cuando el evangelio se predica con el poder del Espíritu, atraviesa toda resistencia y abre los corazones a la salvación.

La obra del Espíritu Santo en la vida del creyente para ganar almas

1. **Caminar en el Espíritu (ver Romanos 8:1-4)**

«Ahora, pues, ninguna condenación hay para los que están en Cristo Jesús, los que no andan conforme a la carne, sino conforme al Espíritu». (Romanos 8:1)

Quienes ganan almas deben vivir llenos del Espíritu, libres del dominio del pecado, para que Dios los pueda usar eficazmente.

2. **Tener la mente puesta en el Espíritu (ver Romanos 8:5-8)**

Una mente guiada por el Espíritu busca las cosas de Dios, lo que da al creyente el corazón y la visión para alcanzar a otros.

3. **Hacer morir las obras de la carne (ver Romanos 8:13)**

El pecado estorba la evangelización. El Espíritu Santo ayuda a los creyentes a vencer los deseos de la carne, haciéndolos vasos puros para su uso.

4. **Ser guiados por el Espíritu (Romanos 8:14)**

El Espíritu dirige a los creyentes hacia quienes necesitan escuchar el mensaje, como cuando guio a Felipe hacia el etíope eunuco (ver Hechos 8:29).

5. **El Espíritu de adopción (Romanos 8:15-16)**

Como hijos de Dios, tenemos la seguridad y la confianza para compartir el Evangelio, sabiendo que el Espíritu está con nosotros.

Efesios: el papel del Espíritu Santo en fortalecer a los creyentes

En la carta a los Efesios, Pablo resalta cómo el Espíritu fortalece a los creyentes:

- **El sello del Espíritu Santo** (ver Efesios 1:13-14) – El Espíritu es la garantía de nuestra salvación y nos da valentía para testificar.
- **Sabiduría espiritual y revelación** (ver Efesios 1:17-18) – El Espíritu Santo abre nuestro entendimiento a la voluntad de Dios y nos da la sabiduría para alcanzar a otros.
- **Fortalecer al hombre interior** (ver Efesios 3:16-17) – La evangelización requiere fuerza espiritual, y esa fuerza viene del Espíritu Santo que vive dentro de nosotros.
- **Ser llenos del Espíritu** (ver Efesios 5:18-19) – Un creyente lleno del Espíritu rebosa de gozo y valentía para proclamar el Evangelio.

El Espíritu Santo es fundamental tanto para la convicción de los pecadores como para el fortalecimiento de los creyentes. Sin Su presencia y poder, ganar almas sería imposible. Jesús mandó a sus discípulos a esperar al Espíritu antes de comenzar su misión (ver Hechos 1:8), y hoy sigue siendo igual: para ser ganadores de almas efectivos, debemos estar llenos y guiados por el Espíritu.

Pablo enfatiza el papel esencial del Espíritu Santo en la vida del creyente, culminando con el mandato que encontramos en Efesios

5:18: «*No os embriaguéis con vino, en lo cual hay desenfreno; antes bien, sed llenos del Espíritu*».

Este versículo es un llamado a confiar continuamente en el Espíritu Santo, no solo para nuestra santificación personal, sino también para tener un ministerio efectivo, incluyendo ganar almas. Toda la carta a los Efesios describe la obra del Espíritu en los creyentes:

1. **Sellados por el Espíritu** (ver Efesios 1:13-14). El Espíritu Santo es nuestra garantía de salvación, dándonos confianza en nuestra fe y en nuestro testimonio.
2. **Vivificados por el Espíritu** (ver Efesios 2:1-5). Así como antes estábamos muertos en pecado, pero fuimos hechos vivos por el Espíritu, ahora llevamos el mensaje de vida a otros.
3. **Morada de Dios** (ver Efesios 2:22). Como el Espíritu vive en nosotros, nos convertimos en instrumentos de Su presencia, impactando a quienes nos rodean.
4. **Fortalecidos en el hombre interior** (ver Efesios 3:16). La resistencia espiritual y la valentía para evangelizar vienen del poder del Espíritu.
5. **Andar en el fruto del Espíritu** (ver Efesios 5:9). Nuestra vida debe reflejar el carácter de Cristo para que nuestro testimonio sea efectivo.
6. **Ser llenos del Espíritu** (ver Efesios 5:18). La clave para una vida cristiana victoriosa y un testimonio poderoso es estar continuamente llenos del Espíritu.

Conclusión de Pablo: El Espíritu Santo y la Guerra Espiritual

En **Efesios 6**, Pablo concluye con un firme recordatorio de que los creyentes están en una batalla espiritual, y que el Espíritu Santo nos equipa para la victoria:

- **La espada del Espíritu** (ver Efesios 6:17) – La Palabra de Dios es nuestra arma ofensiva en la evangelización.
- **Orar en el Espíritu** (ver Efesios 6:18) – Ganar almas de manera efectiva requiere una oración guiada por el Espíritu.

La enseñanza de Pablo sobre el Espíritu Santo en Romanos 8 y Efesios deja muy claro que la vida, el poder y la efectividad del creyente en la evangelización dependen totalmente del Espíritu Santo. Si queremos ver vidas transformadas, tenemos que caminar en sintonía con el Espíritu, ser llenos de Su poder y depender de Él por completo. Las obras del Espíritu Santo en la vida de un creyente son esenciales para ser un testigo y un ganador de almas eficaz. Para Pablo, esto no era algo opcional: los creyentes no podían cumplir con la Gran Comisión sin esta plenitud. En Efesios 6:10, él los exhorta a «fortaleceos en el Señor y en el poder de su fuerza».

La urgencia y la obra del Espíritu Santo en los últimos tiempos

Hoy en día, estamos viendo un gran mover del Espíritu Santo en todo el mundo, llamando a la iglesia a cumplir con la Gran Comisión en estos últimos días. Santiago, uno de los líderes de la iglesia primitiva, conectó la gran cosecha final con el regreso del Señor: *«Por tanto, hermanos, tened paciencia hasta la venida del Señor. Mirad cómo el labrador espera el precioso fruto de la tierra, aguardando con paciencia hasta que reciba la lluvia temprana y la tardía».* (Santiago 5:7)

A menudo hablamos de la «lluvia temprana» como la manifestación del Espíritu Santo en el Día de Pentecostés, y de la «lluvia tardía» como el avivamiento de los últimos tiempos que estamos presenciando hoy. La lluvia temprana fue para sembrar; la lluvia tardía es para cosechar. El Espíritu Santo está preparando a la iglesia para recoger una cosecha abundante, equipando a los creyentes para cumplir el mandato de Cristo.

Hace poco más de un siglo, los creyentes llenos del Espíritu eran pocos y estaban dispersos en pequeños grupos por el mundo. Hoy, los demógrafos estiman que más de 600 millones de personas dan testimonio de haber sido llenas del Espíritu. Un ejército de este tamaño, empoderado por el Espíritu, tiene un potencial ilimitado. Pero el tiempo es corto.

La urgencia de la cosecha

Hace algunos años, mientras visitaba el Medio Oeste de Estados Unidos, estuve predicando durante la temporada de cosecha de trigo. Al ver que la asistencia era más baja de lo esperado, le pregunté a un amigo por qué había tan poca gente.

«Es tiempo de cosecha», me explicó.

Después del servicio, me llevó afuera y vi los tractores trabajando en las vastas llanuras, con sus luces brillando en la oscuridad.

«Mantenemos estos tractores en marcha las 24 horas del día», me dijo. «Comemos en el campo. Cuando alguien está demasiado cansado para seguir manejando, otro toma su lugar. Tenemos que recoger el trigo ahora. En pocos días, llegarán los vientos fríos, el suelo se congelará y el trigo se echará a perder. Si esperamos demasiado, perderemos la cosecha».

Luego señaló hacia una casa a lo lejos: «Pronto, la nieve llegará hasta los aleros. Cuando eso pase, ya no habrá nada que hacer».

Estos agricultores entendían la urgencia. Sabían bien el precio de la demora.

El llamado a la acción del Espíritu Santo

El Espíritu Santo, que conoce la mente de Cristo, impulsa a Su pueblo con la misma compasión que sintió Jesús al ver a las multitudes, como ovejas sin pastor. Esa compasión fue la que lo movió a actuar.

Hoy, el Espíritu Santo está despertando a la iglesia con esa misma urgencia. El tiempo de la cosecha es ahora. No podemos esperar. La noche se acerca, y pronto, la oportunidad habrá pasado.

Capítulo 3

Ámalos hasta llevarlos al Reino

El amor es una de las herramientas más poderosas y efectivas para ganar almas para el reino de Dios. Sin un amor genuino por las personas, nuestros esfuerzos serán mecánicos y sin poder.

Podremos conocer el enfoque correcto, las palabras adecuadas y los versículos que compartir, pero sin amor, nuestras palabras carecerán de impacto. Un alma perdida no será movida solo por el conocimiento o la técnica; es el amor el que toca el corazón y abre la puerta a la transformación.

Para alcanzar verdaderamente a los perdidos, debemos llevar el mismo amor que Cristo tiene por ellos: un amor que ve más allá del pecado y la ruptura, y que nos impulsa a actuar. Cuando amamos como Él ama, nuestras palabras estarán cargadas del poder del Espíritu Santo, y las vidas serán transformadas.

Como Pablo, debemos llevar en el corazón una «gran tristeza y un dolor incesante» por los que todavía no han sido salvos. Cuando esta carga nos conmueve, nuestras palabras y acciones reflejarán una seriedad tan profunda que ni siquiera los indiferentes podrán ignorarla.

Un amor verdadero por las almas nos hace estar constantemente atentos a las oportunidades para alcanzar a los perdidos. Los encontraremos en las calles, en las tiendas, en los hogares, en las iglesias, en las escuelas... en lugares que de otro modo podríamos haber pasado por alto. El amor agudiza nuestra visión y nos impulsa a actuar.

Pero ¿cómo se desarrolla ese amor por las almas? Como toda gracia en la vida cristiana, es obra del Espíritu Santo. Si reconocemos que nuestro amor por los perdidos es escaso, debemos confesarlo humildemente a Dios. Debemos pedirle, por medio de Su Espíritu, que llene nuestros corazones con Su amor por las personas. Y cuando pidamos, debemos esperar que Él responda, porque Su deseo es que ninguno perezca.

1 Juan 5:14-15 nos anima a buscar la ayuda del Espíritu Santo:

«Y esta es la confianza que tenemos en él: que si pedimos alguna cosa conforme a su voluntad, él nos oye. Y si sabemos que él nos oye en cualquier cosa que pidamos, sabemos que tenemos las peticiones que le hayamos hecho».

Jesucristo demostró un amor intenso por las almas. En Mateo 23:37 vemos Su profundo dolor por Jerusalén:

«¡Jerusalén, Jerusalén, que matas a los profetas y apedreas a los que te son enviados! ¡Cuántas veces quise juntar a tus hijos, como la gallina junta a sus polluelos debajo de sus alas, y no quisiste!».

Ese profundo amor por los perdidos fue central en la misión de Cristo. Fue la razón misma por la que vino a la tierra: para redimir a la humanidad perdida. Y es solo a través de una compañía constante con Cristo que nosotros también recibimos esta misma carga por las almas. Al caminar cerca de Él, Él imparte Su corazón en nosotros, llenándonos con el mismo amor y urgencia que definieron Su vida y sacrificio. *Los sentimientos son el resultado de nuestros pensamientos.* Si deseamos que un sentimiento crezca en nuestra vida (como la pasión por ganar almas) debemos meditar en los pensamientos que lo alimentan.

Todo creyente que se tome el tiempo de considerar profundamente el peligro y la miseria de un alma separada de Cristo empezará a comprender el inmenso valor que esa alma tiene a los ojos de Dios. Reflexionar sobre el amor que Dios demostró al ofrecer a Su Hijo para redimir a los perdidos naturalmente despertará en nosotros un intenso deseo de su salvación.

De la misma manera, cuando reflexionamos sobre nuestra propia condición anterior—nuestra situación perdida y desesperada sin Cristo—y sobre el gran sacrificio que Él hizo para rescatarnos, nuestro corazón se llenará de un anhelo por guiar a otros al Salvador que hemos encontrado. Todos estamos llamados a vivir el Gran Mandamiento: amar a Dios con todo nuestro corazón, alma, mente y fuerzas, y amar a nuestro prójimo como a nosotros mismos.

«Nosotros le amamos a él, porque él nos amó primero». (1 Juan 4:19)

Mientras permanecemos en el amor de Yeshúa, Su amor fluye a través de nosotros, capacitándonos para amar a los demás,

Pastora Dra. Claudine Benjamin

incluyendo a nuestros enemigos. Solo a través de Su amor podemos realmente cumplir este llamado, reflejando Su corazón al mundo que nos rodea.

Capítulo 4

Ganar almas en la familia

Cuando Jesús dio el mandato de ir por todo el mundo y predicar el evangelio, no excluyó nuestros propios hogares. La urgencia de ganar almas debe comenzar con las personas que mejor nos conocen: nuestras familias. Antes de poder alcanzar de manera efectiva a desconocidos, primero debemos ministrar a aquellos que se sientan a nuestra mesa, comparten nuestro ADN y llevan nuestro apellido.

No hay mayor dolor que saber que tus seres queridos están perdidos. No hay mayor alegría que verlos venir a Cristo. La familia es la base de la sociedad, y cuando nuestras familias son ganadas para Cristo, fortalecemos el cuerpo de Cristo y aseguramos un legado generacional.

La familia: Nuestro primer campo misionero

Jesús le dijo al hombre liberado de demonios en Lucas 8:39a: *«Vuelve a tu casa y cuenta cuán grandes cosas ha hecho Dios contigo»*. Ahí es donde comienza el testimonio: en casa.

Pastora Dra. Claudine Benjamin

Cuando realmente eres transformado por el evangelio, tu familia lo notará. Puede que no siempre respondan como esperas, pero tu vida se convierte en el sermón que no pueden dejar de escuchar.

Ejemplos bíblicos de salvación familiar

1. **Noé (ver Génesis 7:1)** Dios le dijo a Noé: *«Entra tú y toda tu casa en el arca, porque a ti he visto justo delante de mí en esta generación»*. La obediencia de Noé a Dios llevó a la salvación de toda su familia.
2. **Lot (ver Génesis 19:12-14)** Lot fue advertido del juicio y urgido a sacar a su familia. Aunque algunos dudaron o rechazaron la advertencia, él fue responsable de alcanzarles. Intercedió, rogó y obedeció las instrucciones de Dios para salvar a tantos como fuera posible.
3. **Cornelio (ver Hechos 10:24, 44)** Cornelio reunió a toda su familia para escuchar el mensaje de Pedro. Mientras se predicaba la Palabra, el Espíritu Santo descendió sobre todos en la casa, ¡demostrando que un avivamiento familiar es posible!
4. **El carcelero de Filipos (ver Hechos 16:31-34)** Pablo y Silas declararon: *«Cree en el Señor Jesucristo, y serás salvo tú y tu casa»*. Esa misma noche, el carcelero y toda su familia fueron bautizados. El encuentro de un solo hombre con Cristo cambió todo su hogar.

Por qué ganar almas en la familia es crucial

- **Responsabilidad**: Como creyentes, somos responsables de compartir el evangelio con nuestros seres queridos.
- **Influencia**: Nuestra familia es testigo de nuestro carácter, nuestro estilo de vida y cómo respondemos ante las pruebas. Esa influencia es poderosa.

- **Oportunidad**: A menudo tenemos más acceso a nuestra familia que cualquier otra persona. Usa ese acceso con sabiduría y en oración.
- **Legado**: Cuando llevas a un miembro de tu familia a Cristo, muchas veces abres la puerta para que otros también lleguen a Él.

Cuando es difícil

Puede ser doloroso cuando tu propia familia rechaza tu fe. Jesús dijo en Mateo 13:57: *«No hay profeta sin honra, sino en su propia tierra y en su casa»*. No te desanimes. Sigue sembrando. Sigue orando. Tu testimonio no es en vano.

A veces no serán tus palabras las que los ganen, sino tu forma de vivir. Deja que tus acciones hablen. Mantente firme. Que vean tu paz, tu gozo, tu amor y tu perseverancia. El evangelio vivido muchas veces es más poderoso que el evangelio predicado.

Qué puedes hacer

1. **Ora a diario y de manera estratégica.** No ores solo diciendo «Señor, sálvalos»; ora específicamente. Pídele a Dios que quite las vendas espirituales, que envíe obreros a su vida y que ablande sus corazones.
2. **Vive con integridad.** Sé la misma persona en casa que eres en la iglesia. La hipocresía aleja a las personas; la autenticidad las atrae.
3. **Comparte cuando el Espíritu te guíe.** No lo fuerces. Sé sensible al Espíritu Santo. A veces, un testimonio o un versículo compartido en el momento adecuado puede abrir una puerta.
4. **Ayuna para un avance espiritual.** El ayuno añade poder a tus oraciones. Te alinea con la voluntad de Dios y trae claridad y avance.

5. **Rehúsa rendirte**. No dejes de orar. No dejes de amar. No dejes de creer.

Reflexión

- ¿Quién en tu familia aún necesita ser salvo?
- ¿Qué barreras existen que les impiden venir a Cristo?
- ¿Qué puedes hacer esta semana para compartir el amor de Dios con ellos?

Hechos 16:31 declara: *«Cree en el Señor Jesucristo, y serás salvo tú y tu casa»*. Esta promesa es a la vez un consuelo y un llamado. Nos impulsa a ponernos en la brecha por nuestras familias, a orar fervientemente, a testificar con valentía y a vivir rectamente delante de ellos.

Muy a menudo pasamos por alto las necesidades espirituales de quienes están más cerca de nosotros, ya sea por la familiaridad o por relaciones tensas. Pero el amor exige persistencia. El amor de Cristo debe impulsarnos a seguir intercediendo, compartiendo y viviendo como luz en medio de la oscuridad.

¿Por qué la familia primero?

- **Responsabilidad de pacto**: Somos administradores de nuestros hogares (ver Josué 24:15).
- **Influencia y acceso**: Tenemos oportunidades diarias para demostrar el evangelio con palabras y acciones.
- **Legado e impacto generacional**: Ganar almas dentro de la familia sienta una base para las generaciones futuras.

Pasos prácticos

1. **Vive el Evangelio**: Deja que tu vida predique más fuerte que tus palabras.
2. **Ora estratégicamente**: Menciona por nombre a cada miembro de tu familia en oración. Pídele a Dios estrategias específicas para alcanzarlos.
3. **Habla la verdad en amor**: Evita las discusiones; siembra semillas y confía en que el Espíritu Santo las hará crecer.
4. **Crea una atmósfera espiritual**: Llena tu hogar de alabanza, de la Palabra y de testimonios.
5. **Ayuna para lograr un avance espiritual**: Algunas fortalezas espirituales solo se rompen con oración y ayuno (ver Mateo 17:21).

No te desanimes si te rechazan; recuerda que a Cristo lo rechazaron primero. Mantente fiel. Aunque no veas cambios de inmediato, ten la certeza de que tu trabajo no es en vano. Las semillas que estás plantando darán fruto a su debido tiempo.

Capítulo 5

Ganar almas en el lugar de trabajo

El lugar de trabajo es uno de los campos misioneros más ignorados por la iglesia moderna. Muchos cristianos suelen separar su vida espiritual de su vida profesional, sin darse cuenta de que Dios quizá los haya colocado estratégicamente en sus empleos con un propósito mayor: ser testigos.

Tu trabajo no es solo un medio para obtener ingresos: es una asignación divina. Hay almas perdidas en las calles, en las salas de juntas, en los comedores y en los pasillos de las oficinas. Cada creyente debería ver su lugar de trabajo como una oportunidad para plantar semillas de salvación.

El campo misionero al que fichas cada día

Jesús dijo en Mateo 5:14–16: *«Vosotros sois la luz del mundo; una ciudad asentada sobre un monte no se puede esconder... Así alumbre vuestra luz delante de los hombres, para que vean vuestras buenas obras y glorifiquen a vuestro Padre que está en los cielos».*

Puede que en tu trabajo no te permitan predicar un sermón, pero tu vida ya es un sermón. Tu actitud, tu ética laboral, tu compasión y tu integridad dicen muchísimo. En muchos lugares de trabajo, quizá seas la única «Biblia» que algunas personas lleguen a leer.

Superar el miedo y los límites

Sí, en los entornos profesionales hay restricciones, y es necesario actuar con sabiduría. Pero ser sabio no significa quedarse en silencio. No necesitas un púlpito, necesitas sensibilidad al Espíritu Santo.

Aquí tienes algunas formas de testificar con sabiduría en tu lugar de trabajo:

1. **Construye relaciones genuinas** – La evangelización comienza con la conexión. Deja que la gente vea que realmente te importa.
2. **Sé constante** – Muestra integridad, humildad y excelencia en tu trabajo. Eso genera confianza y respeto.
3. **Ora por tus compañeros de trabajo** – La intercesión es un arma secreta. Pídele a Dios que abra puertas y prepare corazones.
4. **Busca oportunidades naturales** – A menudo, las personas se abren sobre sus luchas personales. Ofrece ánimo y estate listo para compartir tu fe.
5. **Ofrécete a orar** – Cuando alguien esté enfermo, estresado o herido, simplemente pregunta: *«¿Puedo orar contigo?»* Muchas veces, esa puerta se abre, y con ella la oportunidad de compartir el Evangelio.

Un testimonio en palabra y acción

Colosenses 3:23 nos recuerda: *«Y todo lo que hagáis, hacedlo de corazón, como para el Señor y no para los hombres»*.

Cuando trabajas como para el Señor, reflejas a Cristo. Cuando honras a tus superiores, cumples tu palabra, evitas el chisme y mantienes la alegría bajo presión... la gente lo nota. Y esos momentos se convierten en puertas abiertas para dar testimonio.

Pablo era fabricante de tiendas, Lidia era empresaria, y Daniel trabajaba en el gobierno. Dios los usó a todos en sus profesiones. Tu lugar de trabajo también importa para el Reino.

Sembrar, regar y cosechar

Puede que no lleves a tu compañero de trabajo a Cristo en la primera conversación, pero quizá seas tú quien plante la semilla. Otro la regará. Y, en el tiempo de Dios, alguien recogerá la cosecha (ver 1 Corintios 3:6–7).

Sé fiel. Sé constante en oración. Sé valiente. Hay almas en juego... incluso en tu lugar de trabajo.

Sección de reflexión

Preguntas de reflexión personal

1. ¿Ves tu trabajo como una asignación espiritual o solo como un sueldo?
2. ¿Cómo reflejan tu carácter y tu ética de trabajo a Cristo delante de tus compañeros?
3. ¿Quién en tu lugar de trabajo podría estar pasando por algo y necesita esperanza?
4. ¿Le has pedido a Dios oportunidades para testificar en tu trabajo?
5. ¿Qué miedos necesitas rendir para ser un testigo valiente?

Pastora Dra. Claudine Benjamin

Paso a seguir

Identifica a una persona en tu lugar de trabajo y comienza a orar por su salvación cada día. Busca una oportunidad para sembrar una semilla (a través de la amabilidad, una conversación o tu testimonio).

Lista de referencias bíblicas: Ganar almas en el lugar de trabajo

- Mateo 5:14–16 – Deja que tu luz brille delante de los demás.
- Colosenses 3:23 – Trabaja como para el Señor.
- 1 Corintios 3:6–7 – Sembrar, regar y cosechar.
- Romanos 1:16 – No avergonzarse del Evangelio.
- Eclesiastés 9:10 – Haz tu trabajo con todas tus fuerzas.
- Daniel 6:3–5 – El espíritu excelente de Daniel en su lugar de trabajo.
- Hechos 16:14 – Lidia, una mujer de negocios usada por Dios.
- Proverbios 11:30 – El que gana almas es sabio.

Capítulo 6

¿Cómo empiezo a ganar almas?

La primera pregunta que muchos se hacen es: «¿Cómo empiezo?». La respuesta es simple: empieza. No importa quién sea la persona, entablar una conversación sobre la fe es más fácil de lo que parece.

Un buen punto de partida es preguntar si son cristianos, o usar una pregunta directa pero amable, como: *«¿Eres salvo?»* o *«¿Tienes una relación personal con Dios?»*. Incluso cuando hablas con un completo desconocido, no es difícil dirigir la conversación hacia temas espirituales. Una charla casual sobre eventos actuales o experiencias compartidas puede llevar de forma natural a temas más profundos. Jesús demostró esto de manera preciosa en Su conversación con la mujer samaritana en Juan 4, comenzando con una simple petición de agua antes de revelar verdades espirituales profundas.

A veces, el mejor enfoque es sacar el tema de inmediato. Una pregunta sencilla pero cortés como *«¿Eres cristiano?»* o *«¿Alguna vez has pensado en cómo estás delante de Dios?»* puede despertar la reflexión, incluso en aquellos que parecen indiferentes. Muchas veces, las personas responden de manera mucho más abierta de lo que imaginamos cuando las abordamos con sinceridad y humildad. De hecho, es sorprendente ver cuántas veces, confiando en la dirección de Dios, encontramos corazones ya preparados para recibir el mensaje, y lo poco frecuente que es el rechazo.

Sin embargo, en muchos casos es sabio primero construir una conexión. Ganarse la confianza y la amistad de alguien puede abrir una puerta para compartir el evangelio. Escoge a alguien por quien orar, cultiva una relación con amabilidad, y cuando llegue el momento oportuno, haz la pregunta más importante de todas: *«¿Te gustaría conocer a Cristo personalmente?»*.

Un folleto elegido con sabiduría y colocado en la mano de alguien también puede ser una manera natural de iniciar una conversación espiritual. Muchas veces te encontrarás con personas cuyos rostros reflejan tristeza o insatisfacción. En esos momentos, una simple pregunta —*«¿Eres feliz?»*— puede abrir la puerta a una charla más profunda. Si responden que no, puedes contestar amablemente: *«Conozco a Alguien que puede darte una felicidad verdadera, si estás dispuesto a recibirlo»*.

La habilidad para iniciar estas conversaciones se desarrolla con la práctica. Al principio puede que te sientas incómodo o inseguro, pero con el tiempo y la experiencia, se volverá más fácil y natural.

Determinar dónde están espiritualmente

Una vez que la conversación comienza, el primer paso es entender dónde se encuentra la persona espiritualmente. Esto te ayudará a responder con sabiduría y de manera adecuada a sus necesidades. En los próximos capítulos exploraremos los diferentes tipos de personas que podrías encontrar, pero aquí tienes algunas preguntas clave que pueden guiar tu conversación:

- ¿Eres salvo?
- ¿Eres cristiano?
- ¿Sabes que tus pecados pueden ser perdonados?
- ¿Sabes que puedes tener vida eterna?
- ¿Estás confesando abiertamente a Cristo delante del mundo?
- ¿Has nacido de nuevo?

Aunque algunas personas podrían responder de forma incorrecta —ya sea por ignorancia o con intención de engañar—, sus respuestas igualmente te darán pistas valiosas. La manera en que contestan suele revelar mucho sobre su comprensión y su condición espiritual.

Por encima de todo, permanece abierto a la guía del Espíritu Santo. Si dependemos de Él, muchas veces nos mostrará la condición espiritual de una persona y nos dirigirá a las escrituras que esa persona necesita escuchar.

Una vez que entendemos dónde está alguien, el siguiente paso es guiarlo a aceptar a Jesucristo como su Salvador y Señor personal. Es importante recordar que nuestro objetivo principal no es convencerlos de que se unan a una iglesia, cambien sus hábitos o adopten un nuevo estilo de vida. Nuestra misión es ayudarlos a encontrarse con Jesucristo, el que llevó sus pecados en Su propio cuerpo en la cruz. A través de Él, pueden recibir perdón y salvación inmediata.

Aceptar a Cristo significa algo más que simplemente creer en Él; es un acto de rendición del corazón. Él debe convertirse en su Señor, guiando sus pensamientos, sentimientos, propósitos y acciones. La verdadera transformación empieza con esa entrega, y el Espíritu Santo se encargará de completar la obra en sus vidas.

Después de guiar a alguien a aceptar a Cristo, el siguiente paso crucial es mostrarle (a través de la Palabra de Dios) que ha recibido el perdón de sus pecados y la vida eterna. La Escritura ofrece una garantía clara de esta verdad:

Hechos 10:43 – *«De este dan testimonio todos los profetas, que todos los que en él creyeren recibirán perdón de pecados por su nombre».*

Juan 3:36 – *«El que cree en el Hijo tiene vida eterna; pero el que rehúsa creer en el Hijo no verá la vida, sino que la ira de Dios está sobre él».*

Fundamentar a los nuevos creyentes en estas promesas bíblicas es vital para que puedan mantenerse firmes en su fe.

Además, necesitan orientación sobre cómo crecer y avanzar en su nueva vida cristiana. Animarles a leer y aplicar la Palabra de Dios, a orar cada día y a buscar comunión con otros creyentes les ayudará a fortalecerse en su caminar con Cristo.

Por encima de todo, cada paso al guiar a alguien a Cristo debe estar basado en la Escritura. La Palabra de Dios es el fundamento de la verdadera salvación y del discipulado.

Capítulo 7

Con el corazón abierto

Muchas personas están listas para entregar su vida al Señor, pero simplemente no saben cómo hacerlo. Ayudarlas a encontrar el camino hacia Cristo no es difícil cuando las guiamos con la Escritura.

Isaías 53:6 revela claramente el camino hacia la salvación: *«Todos nosotros nos descarriamos como ovejas, cada cual se apartó por su camino»*.

Pregúntale a la persona: *«¿Es esto verdad en tu vida? ¿Te has apartado tú también como una oveja perdida, siguiendo tu propio camino?»*.
Si la persona reconoce esto en su vida, tendrás la oportunidad de mostrarle la solución de Dios.

Luego dirige su atención a lo que Dios ha hecho con sus pecados. Lee la segunda parte del versículo: *«Mas Jehová cargó en él el pecado de todos nosotros»*.

Entonces pregunta: *«¿Qué significa esto para ti? ¿Qué debes hacer para ser salvo?»*.

Pastora Dra. Claudine Benjamin

Después de leer el versículo, puedes preguntarle: *«¿Da Dios el poder para convertirse en hijo de Dios?»*. *«¿Qué debes hacer para ser hijo de Dios?»*. *«Recibirle»*. *«¿Quieres recibirlo ahora como tu Salvador y Señor?»*.

Isaías 55:7 y Juan 3:16 también son versículos muy poderosos que explican claramente el camino de la salvación.

Isaías 55:7 dice: *«Deje el impío su camino, y el hombre inicuo sus pensamientos, y vuélvase a Jehová, el cual tendrá de él misericordia, y al Dios nuestro, el cual será amplio en perdonar»*.

Juan 3:16 expresa claramente el amor de Dios y la promesa de salvación: *«Porque de tal manera amó Dios al mundo, que ha dado a su Hijo unigénito, para que todo aquel que en él cree no se pierda, mas tenga vida eterna»*.

Se puede hacer una comparación muy poderosa con Números 21:8-9, que ilustra la sencillez de la fe y la salvación: *«Y Jehová dijo a Moisés: Hazte una serpiente ardiente, y ponla sobre una asta; y cualquiera que fuere mordido y mirare a ella, vivirá. Y Moisés hizo una serpiente de bronce, y la puso sobre una asta; y cuando alguna serpiente mordía a alguno, miraba a la serpiente de bronce, y vivía»*.

Así como los israelitas fueron sanados al mirar con fe a la serpiente de bronce, nosotros también debemos mirar a Cristo para recibir la salvación.

Otro versículo excelente para usar al testificar es Romanos 1:16: *«Porque no me avergüenzo del evangelio, porque es poder de Dios*

La urgencia de ganar almas

para salvación a todo aquel que cree; al judío primeramente, y también al griego».

Este versículo destaca el poder del evangelio y su disponibilidad para todos los que creen. Puedes preguntarle a la persona: *«Según este versículo, ¿a quién se refiere el escritor?»* La respuesta sería: *«A todo aquel que cree»*. Luego puedes seguir con: *«Entonces, ¿qué es necesario para ser salvo?»*. La respuesta es sencilla: *«Creer»*. Después, pregunta: *«¿Creer en qué?»*. Y la respuesta es: *«En el evangelio»*.

1 Corintios 15:3-4 nos da la respuesta: *«Porque primeramente os he enseñado lo que asimismo recibí: Que Cristo murió por nuestros pecados conforme a las Escrituras; y que fue sepultado, y que resucitó al tercer día conforme a las Escrituras».*

Estos versículos muestran claramente que Cristo murió por nuestros pecados, fue sepultado y resucitó al tercer día. Esto es lo que una persona debe creer para ser salva. La salvación viene al creer en el corazón que Cristo murió por sus pecados y que resucitó de entre los muertos.

Cuando estés compartiendo el evangelio, pregunta: *«¿Crees que Cristo murió por tus pecados?»* y *«¿Crees que Él resucitó?»*. Si la persona responde *«Sí»* entonces continúa con: *«¿Quieres, por fe, pedirle a Dios que perdone tus pecados por amor a Cristo?»*.

Romanos 10:13 nos da una promesa segura: *«Porque todo aquel que invocare el nombre del Señor, será salvo».* Este versículo lo deja claro: la salvación está disponible para cualquiera que clame al Señor. Ahora puedes hacer la pregunta más importante: *«¿Estás listo para clamar al Señor por salvación y confiar en que Él te salvará como lo promete?».*

El camino de la salvación también queda muy claro a través de Éxodo 12:7, 13 y 23, que anticipan el sacrificio de Cristo.

Éxodo 12:7: *«Y tomarán de la sangre y la pondrán en los dos postes y en el dintel de las casas en que lo han de comer».*

Éxodo 12:13: *«Y la sangre os será por señal en las casas donde vosotros estéis; y veré la sangre y pasaré de vosotros, y no habrá en vosotros plaga de mortandad cuando hiera la tierra de Egipto».*

Éxodo 12:23: *«Porque el Señor pasará hiriendo a los egipcios; y cuando vea la sangre en el dintel y en los dos postes, pasará el Señor aquella puerta, y no dejará entrar al heridor en vuestras casas para herir».*

Así como los israelitas fueron librados del juicio por la sangre del cordero en sus puertas, nosotros somos salvos del juicio de Dios por la sangre de Cristo. Su sacrificio es el cumplimiento supremo de esa promesa de la Pascua: cuando Dios ve la sangre de Jesús aplicada a nuestras vidas, mediante la fe, nos concede la salvación y pasa por alto nuestros pecados.

Estos versículos muestran que fue la sangre la que protegió a los israelitas. Y lo mismo ocurre hoy: la sangre derramada de Jesús es la que nos da seguridad. Cuando Dios ve la sangre, pasa de largo, librándonos del juicio. Lo único que debemos hacer es ponernos bajo la cobertura de la sangre.

Para ayudar a quien está buscando comprender esto, explícale que la forma de estar bajo la sangre es a través de la fe en Jesucristo y en Su sangre derramada en el Calvario.

Una ilustración poderosa: El fariseo y el publicano

Otra Escritura importante revela lo que una persona puede tener y aun así estar perdida (como el fariseo) y lo que una persona puede no tener y aun así ser salva (como el publicano).

Lucas 18:10-13 dice: *«Dos hombres subieron al templo a orar: uno era fariseo, y el otro publicano. El fariseo, puesto en pie, oraba consigo mismo de esta manera: Dios, te doy gracias porque no soy como los otros hombres, ladrones, injustos, adúlteros, ni aun como este publicano; ayuno dos veces a la semana, doy diezmos de todo lo que gano. Mas el publicano, estando lejos, no quería ni aun alzar los ojos al cielo, sino que se golpeaba el pecho diciendo: Dios, sé propicio a mí, pecador».*

Este pasaje resalta un punto crucial: la salvación no depende de lo que hacemos, sino de reconocer nuestra necesidad de la misericordia de Dios. El fariseo confiaba en su propia justicia, pero el publicano reconoció humildemente su pecado y clamó por misericordia.

Lucas 18:14 concluye la parábola con una verdad poderosa: *«Os digo que este descendió a su casa justificado antes que el otro; porque cualquiera que se enaltece será humillado; y el que se humilla será enaltecido».*

Así como hizo el publicano, una persona debe reconocer su condición de pecador y clamar a Dios por misericordia. Cuando lo haga, volverá a su casa justificado: perdonado y hecho justo delante de Dios.

Si estás compartiendo el evangelio con alguien, pregúntale: *«¿Harías como hizo el publicano? ¿Reconocerías tu necesidad de misericordia y clamarías a Dios aquí y ahora?».*

Cuando lo haga, continúa con: *«¿Crees en la Palabra de Dios que ahora estás justificado?».*

Otra ilustración de la fe salvadora

La fe salvadora se ilustra de manera preciosa en Lucas 7:45-50: *«No me diste beso; mas esta, desde que entré, no ha cesado de besar mis pies. No ungiste mi cabeza con aceite; mas esta ha ungido con perfume mis pies. Por lo cual te digo que sus muchos pecados le son perdonados, porque amó mucho; mas aquel a quien se le perdona poco, poco ama. Y a ella le dijo: Tus pecados te son perdonados. Y los que estaban juntamente sentados a la mesa comenzaron a decir entre sí: ¿Quién es este, que también perdona pecados? Pero él dijo a la mujer: Tu fe te ha salvado, ve en paz».*

Lucas 7:50 nos muestra que esta mujer tenía **fe salvadora**. Ella creyó que Jesús podía y quería perdonar sus pecados si venía a Él en fe. Eso es la fe salvadora: confiar únicamente en Cristo para la salvación.

Gálatas 3:10-13 también explica claramente el camino de la salvación. El versículo 10 describe la posición del pecador antes de aceptar a Cristo: bajo la maldición de la ley. El versículo 13 revela lo que Cristo ha hecho: Él tomó esa maldición sobre Sí mismo. Lo único que el pecador debe hacer es aceptar a Cristo.

Gálatas 3:10-13: *«Porque todos los que dependen de las obras de la ley están bajo maldición, pues escrito está: Maldito todo aquel que no permaneciere en todas las cosas escritas en el libro de la ley, para hacerlas. Y que por la ley ninguno se justifica para con Dios, es evidente, porque: El justo por la fe vivirá; y la ley no es de fe, sino que dice: El que hiciere estas cosas vivirá por ellas. Cristo nos redimió de la maldición de la ley, hecho por nosotros maldición (porque está escrito: Maldito todo el que es colgado en un madero)».*

Por medio del sacrificio de Cristo, somos redimidos. Ya no estamos bajo la maldición de la ley, sino que somos justificados solo por la fe.

Capítulo 8

Personas con dificultades

«Soy un gran pecador»

Muchas personas desean ser salvas y entienden cómo hacerlo, pero enfrentan obstáculos que les impiden tomar esa decisión. Uno de los obstáculos más comunes que he encontrado al compartir el evangelio es la creencia de que son demasiado pecadores, que han ido demasiado lejos en el pecado y no pueden volver.

1 Timoteo 1:15 responde plenamente a esta objeción: *«Palabra fiel y digna de ser recibida por todos: que Cristo Jesús vino al mundo para salvar a los pecadores, de los cuales yo soy el primero»*.

Lucas 19:10 es otro pasaje poderoso que puedes compartir en esta situación. Puedes decir: *«Tengo un pasaje que parece escrito especialmente para ti. Si realmente piensas lo que dices, entonces eres exactamente la persona que Jesús está buscando»*.

«Porque el Hijo del Hombre vino a buscar y a salvar lo que se había perdido». (Lucas 19:10)

Pastora Dra. Claudine Benjamin

Romanos 5:6-8 y Mateo 9:12-13 también son versículos muy efectivos para recalcar el amor de Dios y Su propósito para los pecadores.

Romanos 5:6-8 dice: «Porque Cristo, cuando todavía éramos débiles, a su tiempo murió por los impíos. Ciertamente, apenas morirá alguno por un justo; con todo, pudiera ser que alguno osara morir por el bueno. Mas Dios muestra su amor para con nosotros, en que siendo todavía pecadores, Cristo murió por nosotros».

Mateo 9:12-13 dice: «Al oír esto Jesús, les dijo: Los sanos no tienen necesidad de médico, sino los enfermos. Id, pues, y aprended lo que significa: Misericordia quiero, y no sacrificio. Porque no he venido a llamar a justos, sino a pecadores, al arrepentimiento».

Estos versículos dejan muy claro: nadie es demasiado pecador para que Cristo lo salve. De hecho, Él vino específicamente para aquellos que reconocen su necesidad de Él.

Romanos 10:13 y Juan 3:16 también enfatizan la palabra «todo aquel», destacando que la oferta de salvación está abierta a todos, sin importar su pasado o sus acciones.

Para aquellos que han cometido pecados terribles y creen que nunca podrán ser perdonados, Isaías 1:18, 1 Juan 4:14 y el Salmo 51:14 son pasajes especialmente poderosos para compartir.

Isaías 1:18: «Venid luego, dice Jehová, y estemos a cuenta: si vuestros pecados fueren como la grana, como la nieve serán emblanquecidos; si fueren rojos como el carmesí, vendrán a ser como blanca lana».

La urgencia de ganar almas

1 Juan 4:14: «Y nosotros hemos visto y testificamos que el Padre ha enviado al Hijo, el Salvador del mundo».

Salmo 51:14: «Líbrame de homicidios, oh Dios, Dios de mi salvación, y cantará mi lengua tu justicia».

Estos versículos ofrecen una seguridad innegable: no existe pecado tan grande que no pueda ser alcanzado por la misericordia de Dios. Él invita a todos a acercarse a Él, sin importar cuán rotos o indignos se sientan.

Nunca le digas a alguien que sus pecados no son graves. Más bien, reconoce que sus pecados son incluso mayores de lo que puede imaginar. Sin embargo, la buena noticia es que cada uno de esos pecados ya ha sido resuelto mediante la muerte, sepultura y resurrección sacrificial de Jesucristo.

Dos escrituras poderosas que refuerzan esta verdad son:

- Isaías 53:6: *«Todos nosotros nos descarriamos como ovejas, cada cual se apartó por su camino; mas Jehová cargó en él el pecado de todos nosotros».*
- 1 Pedro 2:24: *«Quien llevó él mismo nuestros pecados en su cuerpo sobre el madero, para que nosotros, estando muertos a los pecados, vivamos a la justicia; y por cuya herida fuisteis sanados».*

Estos versículos nos recuerdan que, aunque nuestros pecados son grandes, **el sacrificio de Cristo es todavía mayor**. Él ya ha cargado con el peso de nuestra iniquidad, ofreciendo perdón completo y nueva vida a todos los que confían en Él.

Pastora Dra. Claudine Benjamin

Fracaso

Otra dificultad común que enfrentan las personas es el miedo al fracaso. Muchos dicen: *«Tengo miedo de no poder mantenerme firme»*.

Sin embargo, 1 Pedro 1:5 nos tranquiliza, recordándonos que no somos nosotros quienes nos sostenemos en la fe, sino que es Dios quien nos guarda: *«Que sois guardados por el poder de Dios mediante la fe, para alcanzar la salvación que está preparada para ser manifestada en el tiempo postrero»*.

De manera similar, Juan 10:28-29 muestra que la seguridad del creyente no depende de su propia fuerza, sino del poder guardador del Padre y del Hijo: *«Y yo les doy vida eterna; y no perecerán jamás, ni nadie las arrebatará de mi mano. Mi Padre que me las dio, es mayor que todos, y nadie las puede arrebatar de la mano de mi Padre»*.

2 Timoteo 1:12 refuerza todavía más esta verdad, enfatizando que **es responsabilidad de Cristo, no nuestra, guardar lo que se le ha confiado**: *«Por lo cual asimismo padezco esto; pero no me avergüenzo, porque yo sé a quién he creído, y estoy seguro que es poderoso para guardar mi depósito para aquel día»*.

Otras escrituras alentadoras como Isaías 41:10-13, 2 Crónicas 32:7-8 y Romanos 14:4,11 nos recuerdan que debemos ser fuertes, valientes y no tener miedo, porque Dios está con nosotros, luchando nuestras batallas. Cuando las personas en la Biblia escucharon estas palabras, descansaron en la promesa de la protección de Dios.

Para aquellos que temen que la tentación los haga caer, 1 Corintios 10:13 es un poderoso recordatorio de la fidelidad de Dios: «No os ha sobrevenido ninguna tentación que no sea humana; pero fiel es Dios, que no os dejará ser tentados más de lo que podéis resistir, sino que dará también juntamente con la tentación la salida, para que podáis soportarla».

El mensaje es claro: nuestra seguridad no está en nosotros mismos, sino en el poder de Dios. Él es fiel para sostenernos, fortalecernos y mostrarnos el camino en cada prueba. Así como el pueblo de Judá «descansó» en la promesa de Dios, nosotros también podemos descansar con la certeza de que Él nunca nos fallará.

La presencia y la fuerza de Dios en tiempos de temor

La Biblia nos anima constantemente a ser fuertes, valientes y a no tener miedo, porque Dios está con nosotros y pelea nuestras batallas. Isaías 4:1-6 muestra la protección y provisión de Dios para su pueblo, prometiendo refugio y cobertura para quienes confían en Él. Isaías 13:2 llama a los creyentes a mantenerse firmes y a levantar una bandera como testimonio del poder de Dios. En 2 Crónicas 32:7-8a encontramos las palabras de Ezequías al pueblo de Judá cuando enfrentaban a un enemigo poderoso: «Esforzaos y animaos; no temáis ni tengáis miedo del rey de Asiria, ni de toda la multitud que con él viene, porque más hay con nosotros que con él. Con él está el brazo de carne, pero con nosotros está Jehová nuestro Dios para ayudarnos y pelear nuestras batallas».

La respuesta del pueblo es igual de importante: *«Y el pueblo tuvo confianza en las palabras de Ezequías, rey de Judá»* (2 Crónicas 32:8b).

Este pasaje es un recordatorio poderoso de que nuestra confianza no está en la fuerza humana, sino en el poder de Dios. Romanos 14:4 nos tranquiliza al recordarnos que es Dios quien nos sostiene: *«¿Tú quién eres para juzgar al criado ajeno? Para su propio señor está en pie o cae; pero estará firme, porque poderoso es el Señor para hacerle estar firme»*. Y Romanos 14:11 nos recuerda la autoridad suprema de Dios, ante quien todos nosotros un día nos postraremos: *«Porque escrito está: Vivo yo, dice el Señor, que ante mí se doblará toda rodilla, y toda lengua confesará a Dios»*.

La fidelidad de Dios en la tentación

Para quienes temen que la tentación pueda hacerlos caer, 1 Corintios 10:13 es un poderoso recordatorio de la fidelidad de Dios: *«No os ha sobrevenido ninguna tentación que no sea humana; pero fiel es Dios, que no os dejará ser tentados más de lo que podéis resistir, sino que dará también juntamente con la tentación la salida, para que podáis soportarla»*.

Soy demasiado débil

Otra dificultad que muchas personas enfrentan es creer que son demasiado débiles para vencer la tentación o mantenerse firmes en su fe. El enemigo susurra constantemente que no tienen la fuerza suficiente para resistir. Sin embargo, la Palabra de Dios tiene la respuesta.

2 Corintios 12:9-10 nos enseña que el poder de Dios se perfecciona en nuestra debilidad. El apóstol Pablo pasó por una gran prueba y pidió tres veces que Dios se la quitara. Pero Dios le respondió: *«Bástate mi gracia; porque mi poder se perfecciona en la debilidad. Por tanto, de buena gana me gloriaré más bien en mis debilidades, para que repose sobre mí el poder de Cristo. Por lo*

cual, por amor a Cristo me gozo en las debilidades, en afrentas, en necesidades, en persecuciones, en angustias; porque cuando soy débil, entonces soy fuerte».

¿Dónde se perfecciona la fuerza de Cristo? En la debilidad. Cuanto más débiles somos en nosotros mismos, mejor, porque eso nos permite apoyarnos por completo en Su fuerza. De manera similar, Filipenses 4:13 nos asegura: *«Todo lo puedo en Cristo que me fortalece».*

No importa cuán débiles nos sintamos, nunca estamos solos: Cristo mismo nos da la fuerza que necesitamos. Además, 1 Corintios 10:13 nos recuerda que Dios conoce nuestras debilidades y nunca permitirá que seamos tentados más allá de lo que podamos soportar: *«No os ha sobrevenido ninguna tentación que no sea humana; pero fiel es Dios, que no os dejará ser tentados más de lo que podéis resistir, sino que dará también juntamente con la tentación la salida, para que podáis soportarla».*

La fuerza solo en Cristo

Nuestra debilidad no es una desventaja; es una oportunidad para que el poder de Dios se manifieste en nuestras vidas. Cuando confiamos en Él, encontramos la verdadera fuerza, y siempre nos dará la gracia necesaria para resistir.

No importa la dificultad ni las circunstancias: quienes entregan su vida a Cristo encuentran fortaleza y perseverancia en Él. Filipenses 4:13 nos asegura que somos totalmente capaces de vencer el pecado a través del poder de Cristo. Él nos llama a vivir en rectitud y nos equipa con la fuerza para lograrlo.

Pastora Dra. Claudine Benjamin

Cuando dependemos de Jesús, Él nos da el poder para atravesar los momentos difíciles y romper con esos hábitos pecaminosos que antes creíamos imposibles de superar.

¿Qué dirán los demás?

Una de las preocupaciones más comunes sobre seguir a Cristo es: «¿Qué dirán los demás si me hago cristiano?» o «Seré perseguido si sigo a Jesús». Es importante no engañar a nadie diciendo que no enfrentará desafíos. Más bien, debemos mostrar lo que la Escritura enseña con claridad: la persecución forma parte del caminar cristiano, pero también nos lleva a una gloria eterna.

2 Timoteo 2:12 nos recuerda: «Si sufrimos, también reinaremos con Él; si le negáremos, Él también nos negará». De manera similar, 2 Timoteo 3:12 dice: *«Y también todos los que quieren vivir piadosamente en Cristo Jesús padecerán persecución»*. El mismo Jesús animó a quienes son perseguidos por su fe en Mateo 5:10-12: *«Bienaventurados los que padecen persecución por causa de la justicia, porque de ellos es el reino de los cielos. Bienaventurados sois cuando por mi causa os vituperen y os persigan, y digan toda clase de mal contra vosotros, mintiendo. Gozaos y alegraos, porque vuestro galardón es grande en los cielos; porque así persiguieron a los profetas que fueron antes de vosotros»*.

Aunque el sufrimiento pueda llegar, Romanos 8:18 nos da ánimo: *«Pues tengo por cierto que las aflicciones del tiempo presente no son comparables con la gloria venidera que en nosotros ha de manifestarse»*.

La persecución por causa de Cristo no es solo una carga, ¡es un privilegio! Hebreos 12:3 nos anima a mirar a Jesús, quien soportó mucho más de lo que nosotros jamás sufriremos, y a encontrar en Él nuestra fuente de fuerza y victoria.

El costo y la recompensa de seguir a Cristo

Vivir tu fe en ciertos ambientes puede ser difícil, quizá incluso en tu trabajo actual o en tus círculos sociales. Pero piensa en las palabras de Jesús en Marcos 8:36: *«¿De qué le aprovechará al hombre si ganare todo el mundo, y perdiere su alma?»*.

Este versículo resalta el valor incalculable del alma. Ningún éxito, riqueza o aprobación humana puede compararse con la vida eterna que se encuentra en Cristo.

Jesús nos da más seguridad en Mateo 6:33: *«Mas buscad primeramente el reino de Dios y su justicia, y todas estas cosas os serán añadidas»*.

Aquí, Jesús promete que, si ponemos a Dios y su reino en primer lugar, Él suplirá todas nuestras necesidades. Es un proveedor fiel que se encarga de que no nos falte nada esencial mientras le seguimos.

Compromiso para seguir a Cristo

En Mateo 16:24-27, Jesús enseña la necesidad de negarnos a nosotros mismos y comprometernos plenamente con Él: *«Entonces Jesús dijo a sus discípulos: Si alguno quiere venir en pos de mí, niéguese a sí mismo, y tome su cruz, y sígame. Porque todo el que quiera salvar su vida, la perderá; y todo el que pierda su vida por causa de mí, la hallará. ¿Pues qué aprovechará al hombre si ganare todo el mundo, y perdiere su alma? ¿O qué recompensa dará el hombre por su alma? Porque el Hijo del Hombre vendrá en la gloria de su Padre con sus ángeles, y entonces pagará a cada uno conforme a sus obras».*

Aquí, Jesús deja claro que seguirlo requiere un compromiso total. Ser un verdadero discípulo implica negarse a uno mismo y estar dispuesto a pasar por dificultades por su causa. Al final, la recompensa de la vida eterna supera con creces cualquier ganancia temporal de este mundo.

El peligro del materialismo

De manera similar, Lucas 12:16-21 advierte sobre el peligro de poner la riqueza por encima de Dios: *«También les refirió una parábola, diciendo: La heredad de un hombre rico había producido mucho. Y él pensaba dentro de sí, diciendo: ¿Qué haré, porque no tengo dónde guardar mis frutos? Y dijo: Esto haré: derribaré mis graneros, y los edificaré mayores, y allí guardaré todos mis frutos y mis bienes; y diré a mi alma: Alma, muchos bienes tienes guardados para muchos años; repósate, come, bebe, regocíjate. Pero Dios le dijo: Necio, esta noche vienen a pedirte tu alma; y lo que has provisto, ¿de quién será? Así es el que hace para sí tesoro, y no es rico para con Dios».*

Este pasaje nos recuerda que obsesionarnos con las riquezas materiales puede cegarnos ante nuestras verdaderas necesidades espirituales. Si ponemos nuestra seguridad en los bienes de este mundo en lugar de en Dios, corremos el riesgo de perderlo todo cuando estemos delante de Él. Nuestra vida no nos pertenece, y no sabemos cuándo tendremos que rendir cuentas.

Un llamado a las verdaderas riquezas

Al final, nuestro enfoque no debería estar en acumular riquezas, sino en construir una relación con Dios. Las verdaderas riquezas provienen de ser «ricos para con Dios», viviendo una vida de fe, obediencia y devoción. Recordemos que los tesoros de este mundo son temporales, pero las recompensas de seguir a Cristo son eternas.

¿Demasiado que dejar atrás?

Algunos pueden sentir que seguir a Cristo requiere sacrificar demasiado. Sin embargo, la Biblia deja claro que lo que ganamos en Cristo supera con creces cualquier cosa que dejemos atrás. En Marcos 8:36, Jesús plantea una pregunta que invita a la reflexión: *«¿De qué le aprovechará al hombre si ganare todo el mundo, y perdiere su alma?»*.

Ninguna cantidad de riqueza, estatus o éxito terrenal vale la pérdida de la vida eterna. La verdadera plenitud se encuentra en rendirse a Cristo, no en aferrarse a las ganancias temporales. Pablo refuerza esta verdad en Filipenses 3:7-8: *«Pero cuantas cosas eran para mí ganancia, las he estimado como pérdida por amor de Cristo. Y ciertamente, aun estimo todas las cosas como pérdida por la excelencia del conocimiento de Cristo Jesús, mi Señor, por amor del cual lo he perdido todo, y lo tengo por basura, para ganar a Cristo»*.

Pablo, quien antes tuvo un gran estatus, reconoció que todo lo que alguna vez valoró no era nada comparado con conocer a Cristo. Sus palabras nos invitan a reconsiderar qué es realmente valioso para nosotros y a abrazar el valor supremo de una vida entregada a Jesús.

Además, el Salmo 16:11 nos asegura cuál es la recompensa final: *«Me mostrarás la senda de la vida; en tu presencia hay plenitud de gozo; delicias a tu diestra para siempre»*.

Seguir a Cristo no se trata de pérdida, sino de ganancia: gozo eterno, plenitud y la presencia misma de Dios. Los sacrificios que hacemos no se comparan con las riquezas de Su reino.

Dios solo nos pide que dejemos aquello que nos hace daño

Dios nunca nos pide que renunciemos a algo que sea verdaderamente bueno para nosotros. Más bien, nos llama a soltar lo que nos perjudica, aquello que nos impide experimentar lo mejor que Él tiene para nuestras vidas.

El Salmo 84:11 nos recuerda la bondad de Dios: *«Porque sol y escudo es el Señor Dios; gracia y gloria dará el Señor; no quitará el bien a los que andan en integridad»*. Dios es nuestro protector y proveedor. No retiene bendiciones de quienes le siguen; al contrario, nos guía hacia lo que realmente es bueno.

De igual forma, Romanos 8:32 nos muestra la profundidad de la generosidad de Dios: *«El que no escatimó ni a su propio Hijo, sino que lo entregó por todos nosotros, ¿cómo no nos dará también con Él todas las cosas?»*.

Si Dios fue capaz de sacrificar a su propio Hijo para salvarnos, podemos confiar plenamente en que también nos dará todo lo que necesitemos. Seguirle no significa perder, sino ganar algo muchísimo mejor.

Los mandamientos de Dios no buscan privarnos de nada, sino protegernos y guiarnos hacia la vida abundante que Él ha planeado para nosotros. Cuando nos rendimos a Él, descubrimos que lo que nos da es siempre mucho mejor que aquello de lo que nos pide alejarnos.

¿De verdad quieres aferrarte a algo que, en el fondo, no te conviene? Es mucho mejor soltar de buena gana las cosas del mundo y venir a Cristo sin demora. La gente suele apegarse a lo material, aunque la Escritura deja claro que todo eso no vale la pena: es temporal, pasajero y, al final, perjudicial para el alma.

1 Juan 2:17 dice: «*Y el mundo pasa, y sus deseos; pero el que hace la voluntad de Dios permanece para siempre*».

Jesús ilustra esta verdad en la parábola del rico insensato: Lucas 12:16-21: «*También les refirió una parábola, diciendo: La heredad de un hombre rico había producido mucho. Y él pensaba dentro de sí, diciendo: ¿Qué haré, porque no tengo dónde guardar mis frutos? Y dijo: Esto haré: derribaré mis graneros y los edificaré mayores, y allí guardaré todos mis frutos y mis bienes; y diré a mi alma: Alma, muchos bienes tienes guardados para muchos años; repósate, come, bebe y regocíjate. Pero Dios le dijo: ¡Necio! Esta noche vienen a pedirte tu alma; y lo que has provisto, ¿de quién será? Así es el que hace para sí tesoro, y no es rico para con Dios*».

Este pasaje nos recuerda que las posesiones materiales son temporales. No duran. Solo los tesoros espirituales permanecen para la eternidad. Las cosas de este mundo pasarán, pero las cosas de Dios permanecerán para siempre.

Pastora Dra. Claudine Benjamin

La vida cristiana es demasiado difícil

Al contrario, la vida realmente difícil es la del pecador. La vida cristiana, a pesar de sus desafíos, es una vida de paz y alegría. El mismo Jesús lo dijo en Mateo 11:30: *«Porque mi yugo es fácil, y ligera mi carga»*.

1 Juan 5:3 refuerza esta verdad: *«Pues este es el amor a Dios: que guardemos sus mandamientos; y sus mandamientos no son gravosos»*.

Los mandamientos de Dios no son una carga pesada, sino un camino hacia una vida abundante. En cambio, Proverbios 13:15 muestra cuál es la verdadera dificultad: *«El buen entendimiento da gracia; mas el camino de los transgresores es duro»*. El pecado trae lucha y sufrimiento, mientras que obedecer a Dios nos lleva a la paz.

Estoy buscando a Cristo, pero no lo encuentro

Según Jeremías 29:13, Dios promete que quien lo busca de corazón lo encontrará: *«Y me buscaréis y me hallaréis, porque me buscaréis de todo vuestro corazón»*.

La Biblia afirma constantemente esta verdad. En Lucas 15:1-10, Jesús nos muestra el amor profundo de Dios hacia los perdidos a través de las parábolas de la oveja perdida, la moneda y el hijo perdidos. Estas historias nos enseñan que no solo Dios recibe con alegría a quienes lo buscan, sino que además Él mismo sale a buscarlos, con amor y gozo al encontrarlos.

También Lucas 19:10 resume la misión misma de Cristo: *«Porque el Hijo del Hombre vino a buscar y a salvar lo que se había perdido»*.

Así que, si de verdad estás buscando a Cristo, no será en vano. Dios ya está extendiendo su mano, listo para encontrarse con quienes lo buscan sinceramente.

Capítulo 9

Personas con excusas

Los seres humanos a menudo buscan excusas para no rendir sus vidas a Dios. El miedo, la incertidumbre, la falta de propósito o simplemente no querer dejar el pecado pueden interponerse en el camino. Sin embargo, la invitación de Dios sigue abierta para todos los que lo buscan sinceramente.

Isaías 55:7 nos da una poderosa promesa sobre la misericordia de Dios: *«Deje el impío su camino, y el hombre malvado sus pensamientos; vuélvase al Señor, quien tendrá compasión de él, y a nuestro Dios, que es generoso para perdonar»*.

No existe excusa que pueda ser más grande que la gracia y el perdón que Dios ofrece. Quienes se vuelven a Él encontrarán alegría y paz, incluso en un mundo lleno de dificultades y maldad.

Mi corazón está demasiado endurecido

Algunas personas sienten que su corazón está demasiado endurecido como para cambiar, pero Dios promete transformación. En Ezequiel 36:26-27, Él nos asegura que no hay corazón que esté fuera de su poder para renovarlo: *«Os daré un corazón nuevo, y pondré un espíritu nuevo dentro de vosotros; quitaré de vuestra carne el corazón de piedra y os daré un corazón de carne. Y pondré dentro de vosotros mi Espíritu, y haré que andéis en mis estatutos, y guardéis mis preceptos y los pongáis por obra».*

Esta es una promesa de renovación completa: cambiar un corazón resistente por uno sensible y obediente a Dios. Cuando Dios hace esta obra en nosotros, empezamos a desear hacer su voluntad en cada área de nuestra vida.

Dios no me recibirá o temo haber cometido el pecado imperdonable

Las personas que sinceramente luchan con el temor de que Dios no las recibirá o que creen haber cometido el pecado imperdonable suelen ser las más difíciles de consolar.

Un pasaje muy poderoso para compartir en esos momentos es Juan 6:37: *«Todo lo que el Padre me da, vendrá a mí; y al que a mí viene, no le echo fuera».* Este versículo es una fuente de esperanza: Jesús jamás rechaza a quien se acerca a Él.

Muchas almas totalmente desanimadas han encontrado luz y paz a través de esta promesa de la Palabra de Dios. Su amor incondicional y constante nos asegura que Él perdona y salva, no por lo que somos o hemos hecho, sino por lo que Cristo ya hizo en la cruz.

Apocalipsis 22:17 también ofrece una imagen preciosa: *«Y el Espíritu y la Esposa dicen: Ven. Y el que oye, diga: Ven. Y el que tiene sed, venga; y el que quiera, tome del agua de la vida gratuitamente».*

De la misma forma, Isaías 55:1 es una invitación divina a buscar a Dios y recibir el alimento espiritual que Él da gratuitamente: *«¡A todos los sedientos: venid a las aguas! Y los que no tenéis dinero: venid, comprad y comed. Venid, comprad sin dinero y sin precio, vino y leche».*

Isaías 1:18 refuerza la infinita misericordia de Dios, declarando que no importa cuán profunda sea nuestra culpa, Él está dispuesto a limpiarnos y perdonarnos: *«Venid luego, dice el Señor, y estemos a cuenta: si vuestros pecados fueren como la grana, como la nieve serán emblanquecidos; si fueren rojos como el carmesí, vendrán a ser como blanca lana».*

Hechos 10:43 y Juan 3:16 también subrayan que el evangelio es para «todo aquel» que crea. No importa el pasado: cualquiera que clame sinceramente al Señor en arrepentimiento encontrará perdón y vida eterna. Esto queda confirmado una vez más en Romanos 10:13: *«Porque todo aquel que invocare el nombre del Señor, será salvo».*

Entendiendo el pecado imperdonable

A veces es útil referirse a Hebreos 6:4-6 y Mateo 12:31-32 para aclarar qué es realmente el pecado imperdonable y cuáles son sus consecuencias.

Mateo 12:31-32 nos enseña que la blasfemia contra el Espíritu Santo es el pecado que no tiene perdón. El Espíritu Santo es quien convence a los pecadores, convierte a los arrepentidos y consagra a los creyentes. Por eso, si alguien habla en contra del Espíritu Santo o rechaza de manera persistente su obra, está cerrando la puerta a la convicción y a la conversión.

Hebreos 6:4-6 muestra que la dificultad no es que Dios no quiera perdonar, sino que el ser humano se niega a creer y a obedecer el llamado de Dios al arrepentimiento. El verdadero peligro está en endurecer el corazón y resistirse a la voz del Espíritu.

Sin embargo, aquellos que están preocupados por su salvación no deben temer haber cometido el pecado imperdonable. Un corazón que busca sinceramente a Dios es una señal clara de que su gracia sigue obrando. Muchas veces, un poco de instrucción y claridad sobre este tema es suficiente para traer paz y seguridad.

Referencias bíblicas

Mateo 12:31-32: *«Por tanto os digo: Todo pecado y blasfemia será perdonado a los hombres; pero la blasfemia contra el Espíritu no les será perdonada. A cualquiera que dijere alguna palabra contra el Hijo del Hombre, le será perdonado; pero al que hable contra el Espíritu Santo, no le será perdonado, ni en este siglo ni en el venidero».*

Hebreos 6:4-6: *«Porque es imposible que los que una vez fueron iluminados y gustaron del don celestial, y fueron hechos partícipes del Espíritu Santo, y asimismo gustaron de la buena palabra de Dios y los poderes del siglo venidero, y recayeron, sean otra vez renovados para arrepentimiento, crucificando de nuevo para sí mismos al Hijo de Dios y exponiéndole a vituperio».*

«Ya es demasiado tarde».

Cuando alguien dice: «Ya es demasiado tarde para mí», recuérdale la promesa de Dios en 2 Corintios 6:2: *«Porque dice: En tiempo aceptable te he oído, y en día de salvación te he socorrido. He aquí ahora el tiempo aceptable; he aquí ahora el día de salvación».*

Ahora es el momento ideal para buscar al Señor, porque el mañana no está garantizado.

Un ejemplo poderoso de la misericordia de Dios lo encontramos en Lucas 23:39-43. Mientras Jesús estaba colgado en la cruz, uno de los criminales que estaba a su lado se burló, pero el otro, reconociendo su culpa, se volvió a Jesús y le dijo: *«Señor, acuérdate de mí cuando vengas en tu reino»*. Y Jesús le respondió con una promesa de salvación: *«De cierto te digo que hoy estarás conmigo en el paraíso»*.

Incluso en sus últimos momentos, el ladrón arrepentido fue salvo, demostrando que **nunca** estamos fuera del alcance de la gracia de Dios.

Además, 2 Pedro 3:9 nos da otra hermosa seguridad: *«El Señor no retarda su promesa, como algunos la tienen por tardanza, sino que es paciente para con nosotros, no queriendo que ninguno perezca, sino que todos procedan al arrepentimiento»*.

Y en Deuteronomio 4:30-31 encontramos una promesa llena de consuelo: *«Cuando estuvieres en tribulación, y te alcanzaren todas estas cosas, si en los postreros días te volvieres al Señor tu Dios y oyeres su voz (porque Dios misericordioso es el Señor tu Dios), no te dejará ni te destruirá, ni se olvidará del pacto que juró a tus padres»*.

No importa cuán lejos haya llegado una persona, mientras tenga vida, **nunca es demasiado tarde** para acercarse a Cristo. Dios es misericordioso y siempre está dispuesto a recibir a quien se vuelve a Él con un corazón arrepentido.

Capítulo 10

Los autosuficientes

Las personas autosuficientes son aquellas que albergan falsas esperanzas de salvación. Quizás el grupo más grande entre ellas son los que esperan salvarse por su propia justicia. A menudo se pueden reconocer por frases como:

- «Estoy haciendo lo mejor que puedo».
- «Hago más cosas buenas que malas».
- «No soy un gran pecador».
- «Nunca he hecho nada muy malo».

Estas personas creen que sus opiniones y acciones las hacen moralmente superiores a los demás. Sin embargo, la Biblia deja muy claro que la autosuficiencia no basta para alcanzar la salvación.

Gálatas 3:10 es un versículo muy poderoso para explicar esto, ya que muestra que todos los que confían en sus obras están bajo maldición: *«Porque todos los que dependen de las obras de la ley están bajo maldición, pues escrito está: Maldito todo aquel que no permaneciere en todas las cosas escritas en el libro de la ley, para hacerlas»*.

Es decir, nadie puede salvarse cumpliendo la ley a menos que la obedezca perfectamente, lo cual es imposible para cualquier ser humano.

De manera similar, Santiago 2:10, Gálatas 2:16 y Romanos 3:19-20 refuerzan esta verdad:

- *Santiago 2:10: «Porque cualquiera que guardare toda la ley, pero ofendiere en un solo punto, se hace culpable de todos».*
- *Gálatas 2:16: «Sabiendo que el hombre no es justificado por las obras de la ley, sino por la fe de Jesucristo, nosotros también hemos creído en Jesucristo, para ser justificados por la fe de Cristo, y no por las obras de la ley; por cuanto por las obras de la ley nadie será justificado».*
- *Romanos 3:19-20: «Pero sabemos que todo lo que la ley dice, lo dice a los que están bajo la ley, para que toda boca se cierre y todo el mundo quede bajo el juicio de Dios; ya que por las obras de la ley ningún ser humano será justificado delante de Él, porque por medio de la ley es el conocimiento del pecado».*

Todos estos pasajes son muy claros: **nadie puede ser justificado por su propia justicia.**

La salvación viene **solo a través de la fe en Jesucristo**. La Biblia revela que Dios exige una justicia perfecta, una justicia que ningún ser humano puede alcanzar por sí mismo.

Por eso, debemos tener muy claro que **la salvación es un regalo de la gracia de Dios, recibido únicamente por la fe en Jesucristo**, no por nuestros propios esfuerzos.

Otra forma muy efectiva de hablar con personas autosuficientes es **enfatizar que Dios mira el corazón, no solo las acciones exteriores.**

Lucas 16:15, Romanos 2:16 y 1 Samuel 16:7 ilustran claramente esta verdad:

- *Lucas 16:15, «Entonces les dijo: Vosotros sois los que os justificáis a vosotros mismos delante de los hombres; mas Dios conoce vuestros corazones; porque lo que los hombres tienen por sublime, delante de Dios es abominación».*

- *Romanos 2:16, «En el día en que Dios juzgará por Jesucristo los secretos de los hombres, conforme a mi evangelio».*

- *1 Samuel 16:7, «Y el Señor respondió a Samuel: No mires a su parecer, ni a lo grande de su estatura, porque yo lo desecho; porque el Señor no mira lo que mira el hombre; pues el hombre mira lo que está delante de sus ojos, pero el Señor mira el corazón».*

Es importante insistir en este punto crucial: **cuando una persona comprende que Dios examina el corazón**, tiene que reconocer su propia indignidad.

No importa cuán buena pueda parecer la vida exterior de alguien, **el corazón humano no puede resistir el escrutinio perfecto del estándar santo de Dios.**

Y esta verdad nos lleva directamente a reconocer **la necesidad de la gracia y la salvación que solo encontramos en Jesucristo.**

No importa cuán autosuficiente sea una persona, en lo más profundo de su corazón está la conciencia del pecado.

Nuestra tarea es trabajar hasta llegar a ese punto. Aunque no lo reconozcan, la conciencia de cada persona da testimonio de la verdad.

Cuando alguien dice: *«Estoy haciendo lo mejor que puedo»* o *«Hago más bien que mal»*, debemos ayudarle a ver su error. El mismo Jesús declaró cuál es el mandamiento más importante en Mateo 22:37: *«Amarás al Señor tu Dios con todo tu corazón, y con toda tu alma, y con toda tu mente»*.

Este mandamiento exige una **devoción total** a Dios, que abarque cada parte de nuestro ser: **corazón, alma y mente**. Amar a Dios debe ser el centro de nuestras vidas, **superando en importancia cualquier otra cosa.**

La salvación no se basa en el esfuerzo humano ni en comparaciones morales, sino que es una obra de fe. Hebreos 11:6 nos recuerda: *«Pero sin fe es imposible agradar a Dios»*.

Dios exige fe; sin ella, nadie puede ser justo delante de Él.

Juan 16:8-9 destaca que **la incredulidad en Cristo es el mayor pecado**: *«Y cuando él venga, convencerá al mundo de pecado, de justicia y de juicio. De pecado, por cuanto no creen en mí»*.

El Espíritu Santo es quien convence a las personas de su pecado, y aquí Jesús señala cuál es el verdadero problema: **no creer en Él**. En el fondo, **el pecado nace de la falta de confianza en la provisión de Dios para la salvación a través de Jesucristo**.

Juan 3:36 deja muy claro que **la vida eterna depende de si una persona acepta o rechaza a Cristo por fe**: «El que cree en el Hijo tiene vida eterna; pero el que rehúsa creer en el Hijo no verá la vida, sino que la ira de Dios está sobre él».

Asimismo, Hebreos 10:28-29 revela que **la ofensa más grave es despreciar al Hijo de Dios**, rechazando su sacrificio. Antes de compartir este pasaje, podrías preguntar: «*¿Te das cuenta de que estás cometiendo el pecado más grave ante los ojos de Dios?*».

Luego, lee las Escrituras con solemnidad y convicción para resaltar lo que dice la Palabra de Dios:

«El que viola la ley de Moisés, por el testimonio de dos o tres testigos, muere irremisiblemente. ¿Cuánto mayor castigo pensáis que merecerá el que pisoteare al Hijo de Dios, y tuviere por inmunda la sangre del pacto en la cual fue santificado, e hiciere afrenta al Espíritu de gracia?». (Hebreos 10:28-29)

El peligro de malinterpretar la bondad de Dios

Algunos creen que Dios es demasiado bueno como para juzgarlos, pero eso es una falsa esperanza.

Si alguien expresa esta idea, puedes responderle: «*Solo conocemos la bondad de Dios a través de la Biblia. Por lo tanto, debemos acudir a las Escrituras para entender realmente su carácter*».

Romanos 2:4-5 aclara el propósito de la bondad de Dios: «*¿O menosprecias las riquezas de su benignidad, paciencia y longanimidad, ignorando que su benignidad te guía al arrepentimiento? Pero por tu dureza y por tu corazón no arrepentido, atesoras para ti mismo ira para el día de la ira y de la revelación del justo juicio de Dios*».

La bondad de Dios está destinada a llevarnos al arrepentimiento, no a alentarnos a seguir en el pecado. Quienes rechazan su bondad están acumulando ira para sí mismos. **Juan 8:21, 24** y **Juan 3:36** refuerzan esta verdad: no importa cuán buena creamos que es la naturaleza de Dios, **Él rechazará a quienes rechazan a su Hijo**.

La elección humana de rechazar la vida eterna

Dios desea que nadie perezca y ofrece el don de la vida eterna de manera gratuita.

Sin embargo, existe un gran obstáculo. Juan 5:40 revela cuál es: «*Y no queréis venir a mí para que tengáis vida*».

El problema no es la falta de oportunidad, sino la decisión deliberada de no acudir a Cristo.

Las personas eligen permanecer separadas de Dios a pesar de su invitación abierta.

La realidad, aunque dura, es esta: la vida está ofrecida, pero si una persona la rechaza, la única alternativa es la destrucción eterna.

La urgencia del arrepentimiento

La Escritura nos da advertencias muy serias sobre la necesidad del arrepentimiento.

2 Pedro 2:4-6, 9 y Lucas 13:3 subrayan que quienes no se aparten del pecado enfrentarán el juicio:

«Porque si Dios no perdonó a los ángeles que pecaron, sino que arrojándolos al infierno los entregó a prisiones de oscuridad para ser reservados al juicio; y si no perdonó al mundo antiguo, sino que guardó a Noé, pregonero de justicia, con otras siete personas, trayendo el diluvio sobre el mundo de los impíos; y si condenó por destrucción a las ciudades de Sodoma y Gomorra, reduciéndolas a ceniza, poniéndolas de ejemplo a los que habían de vivir impíamente...». (2 Pedro 2:4-6)

2 Pedro 2:9 nos ofrece tanto una advertencia como una promesa: *«Sabe el Señor librar de tentación a los piadosos, y reservar a los injustos para ser castigados en el día del juicio».*

Estos pasajes son llamados urgentes al arrepentimiento. La misericordia de Dios está disponible ahora, pero quienes persisten en rechazarlo enfrentarán consecuencias eternas.

Es fundamental enfatizar la necesidad de aceptar a Jesucristo como Señor y Salvador, porque el juicio de Dios es inminente para quienes no se apartan de su pecado. Algunos podrían decir: *«Dios es demasiado bueno como para destruir a alguien».* Sin embargo, veamos lo que el mismo Dios dice en su Palabra: Lucas 13:3: *«Antes si no os arrepentís, todos pereceréis igualmente»*.

Repetir este versículo varias veces puede ayudar a la persona a comprender la seriedad de su significado.

Otro grupo de personas que albergan falsas esperanzas son aquellas que dicen: *«Estoy intentando ser cristiano»*. Sin embargo, Juan 1:12 responde claramente a esto: *«Mas a todos los que le recibieron, a los que creen en su nombre, les dio potestad de ser hechos hijos de Dios»*.

Esto muestra que no se trata de intentar ser cristiano, ni de vivir una vida mejor o de ganarse la salvación. Se trata de recibir a Jesucristo, quien ya ha hecho todo lo necesario para nuestra salvación. Él continuará su obra de gracia en nuestras vidas hasta el día de Jesucristo (ver Filipenses 1:6).

Hechos 16:31 también lo deja claro: Dios no nos pide que intentemos hacer lo que podamos, sino que confiemos en lo que Jesús ya hizo y seguirá haciendo: *«Cree en el Señor Jesucristo, y serás salvo»*.

De manera similar, Romanos 3:25 explica que no somos justificados por nuestros propios esfuerzos, sino por aceptar libremente la gracia de Dios a través de la redención que es en Cristo Jesús, bajo la simple condición de la fe.

La falsa esperanza basada en los sentimientos

Otro grupo que alberga falsas esperanzas son aquellos que dicen: *«Siento que voy al cielo»* o *«Siento que soy salvo»*. Sin embargo, la salvación no se basa en sentimientos personales, sino en la verdad de la Palabra de Dios.

Juan 3:36 lo deja muy claro: *«El que cree en el Hijo tiene vida eterna; pero el que rehúsa creer en el Hijo no verá la vida, sino que la ira de Dios está sobre él».*

No se trata de lo que uno siente, sino de lo que Dios dice.

Lucas 18:18-24 presenta un ejemplo muy impactante. Puedes introducir este pasaje diciendo: *«Hubo un hombre en la Biblia que pensaba que estaba bien con Dios, pero al final, estaba completamente equivocado».*

Esta historia demuestra que **la verdadera devoción a Dios a menudo requiere un sacrificio radical** y **priorizar las riquezas espirituales sobre las riquezas materiales.**

El hombre de este pasaje era sincero en su deseo de obtener la vida eterna, pero cuando Jesús le dijo que vendiera todo lo que tenía y le siguiera, **no estuvo dispuesto a desprenderse de sus posesiones.** Trágicamente, no volvemos a saber nada de él después de que se alejara de Jesús.

Su historia es un recordatorio serio de que **el apego a las riquezas materiales puede obstaculizar nuestro camino espiritual y nuestra relación con Dios.**

Proverbios 14:12 refuerza esta verdad: *«Hay camino que al hombre le parece derecho; pero su fin es camino de muerte».*

Pastora Dra. Claudine Benjamin

Es de suma importancia buscar la guía de Dios para discernir entre lo correcto y lo incorrecto y evitar el autoengaño.

La falsa esperanza basada en los sentimientos

Otro grupo que se aferra a falsas esperanzas está compuesto por quienes afirman ser salvos mientras viven en pecado. La Biblia advierte claramente contra este tipo de engaño. Aquí tienes algunos pasajes clave que pueden ayudarte a guiar a una persona en esta situación:

- *1 Corintios 6:9-10, «¿No sabéis que los injustos no heredarán el reino de Dios? No os engañéis: ni los fornicarios, ni los idólatras, ni los adúlteros, ni los afeminados, ni los que se echan con varones, ni los ladrones, ni los avaros, ni los borrachos, ni los maldicientes, ni los estafadores heredarán el reino de Dios».*

Este pasaje deja muy claro que quienes continúan viviendo en pecado sin arrepentirse no heredarán el reino de Dios.

- *1 Juan 5:4-5, «Porque todo lo que es nacido de Dios vence al mundo; y esta es la victoria que ha vencido al mundo: nuestra fe. ¿Quién es el que vence al mundo, sino el que cree que Jesús es el Hijo de Dios?».*

Este versículo destaca que los verdaderamente nacidos de Dios tienen el poder para vencer las tentaciones y presiones del mundo. Una persona que vive en pecado sin arrepentimiento, incapaz de vencer los deseos mundanos, está dando evidencia de que no ha nacido verdaderamente de Dios.

Capítulo 11

†

Escépticos

Algunos escépticos, personas que dudan o se resisten a creer con facilidad, tienden a tomar a la ligera la Palabra de Dios. Si alguien menosprecia la Biblia y la considera una tontería, puedes mostrarle lo que enseña la propia Escritura sobre esa actitud.

1 Corintios 1:18 dice: *«Porque la palabra de la cruz es locura a los que se pierden; pero a los que se salvan, esto es, a nosotros, es poder de Dios».*

Puedes explicar que algunas personas ven el evangelio como una locura porque todavía están perdidas en el pecado.

Sin embargo, en el momento en que una persona recibe al Señor Jesús como su Salvador personal, todo cambia.

Se produce una transformación, y comienza a ver a Cristo, a Dios y a Su Palabra bajo una luz completamente nueva.

Quienes han rendido su vida al Señor pueden dar testimonio de este cambio.

El viejo gusto por el pecado se desvanece, y es reemplazado por un deseo de caminar en justicia.

Esta verdad puede sorprender a los escépticos, pero como dice el dicho: «*El que lo siente, lo sabe*».

Por qué los escépticos tienen dificultad para creer

1 Corintios 2:14 explica por qué muchos escépticos rechazan la verdad de la Palabra de Dios: «*Pero el hombre natural no percibe las cosas que son del Espíritu de Dios, porque para él son locura, y no las puede entender, porque se han de discernir espiritualmente*». La realidad es que **una persona sin el Espíritu Santo no puede entender ni aceptar las verdades espirituales. El Espíritu Santo es quien ilumina la mente y revela la verdad de la Palabra de Dios.**

Además, **2 Corintios 4:3-4** describe la **ceguera espiritual** que impide a muchos ver el evangelio: «*Pero si nuestro evangelio está aún encubierto, entre los que se pierden está encubierto; en los cuales el dios de este siglo cegó el entendimiento de los incrédulos, para que no les resplandezca la luz del evangelio de la gloria de Cristo, el cual es la imagen de Dios*».

Este pasaje revela que **el escepticismo muchas veces surge porque Satanás, «el dios de este mundo», ha cegado a los incrédulos**, impidiéndoles reconocer la verdad de Cristo.

2 Tesalonicenses 2:10-12 explica aún más **la raíz del escepticismo, el engaño y el juicio final**: «*Y con todo engaño de iniquidad para los que se pierden, por cuanto no recibieron el amor de la verdad para ser salvos. Por esto Dios les envía un poder* *engañoso, para que crean la mentira, a fin de que sean condenados todos los que no creyeron a la verdad, sino que se complacieron en la injusticia».*

Este pasaje advierte que **rechazar la verdad del evangelio lleva al engaño y, en última instancia, a la destrucción. Cuanto más resiste una persona la verdad de Dios, más profundamente cae en el autoengaño espiritual.**

Ánimo para los escépticos

Aunque el escepticismo puede ser una barrera para la fe, **no es imposible llegar al corazón de un escéptico.** Si una persona que duda está dispuesta a buscar la verdad con un corazón abierto, **Dios es fiel para revelarse a sí mismo.** Jesús dijo en **Juan 7:17**: *«El que quiera hacer la voluntad de Dios conocerá si la doctrina es de Dios, o si yo hablo por mi propia cuenta».*

Anima a los escépticos a **buscar sinceramente a Dios, leer su Palabra y pedirle que les revele la verdad. El Espíritu Santo está listo para abrirles los ojos si ellos están dispuestos a recibirlo.**

El peligro de rechazar la verdad

Si persistimos en rechazar la verdad de la Palabra de Dios, la Escritura advierte que **Dios enviará un «poder engañoso».** Esto significa que **quienes se niegan a aceptar la verdad inevitablemente terminarán abrazando mentiras y falsedades, lo que llevará a su condenación.**

2 Tesalonicenses 2:10-12 dice: *«Y con todo engaño de iniquidad para los que se pierden, por cuanto no recibieron el amor de la* *verdad para ser salvos. Por esto Dios les envía un poder engañoso, para que crean la mentira, a fin de que sean condenados todos los que no creyeron a la verdad, sino que se complacieron en la injusticia».*

Este pasaje sirve como **una seria advertencia: quienes rechazan la verdad de Dios serán cada vez más engañados, creyendo mentiras que los llevarán a la destrucción eterna**.

Las terribles consecuencias de la incredulidad

El mismo Jesús advirtió sobre el destino de quienes se niegan a creer en Él. En **Juan 8:21-24**, Él declara: *«Otra vez les dijo Jesús: Yo me voy, y me buscaréis, pero en vuestro pecado moriréis; adonde yo voy, vosotros no podéis venir. Decían entonces los judíos: Acaso se matará a sí mismo, que dice: ¿Adónde yo voy, vosotros no podéis venir? Y les dijo: Vosotros sois de abajo, yo soy de arriba; vosotros sois de este mundo, yo no soy de este mundo. Por eso os dije que moriréis en vuestros pecados; porque si no creéis que yo soy, en vuestros pecados moriréis».*

Este pasaje resalta **las consecuencias graves y eternas de rechazar a Jesús**. Es una decisión crítica: **aceptarlo como Señor lleva a la vida; rechazarlo lleva a la separación eterna de Dios**.

La raíz del escepticismo

Juan 5:44 nos da una pista sobre una de las principales razones por las que las personas luchan con la incredulidad: *«¿Cómo podéis vosotros creer, pues recibís gloria los unos de los otros, y no buscáis la gloria que viene del Dios único?».*

Muchas personas rechazan a Cristo porque valoran más la aprobación de los hombres que la aprobación de Dios. El miedo al rechazo, el orgullo y la presión social a menudo se convierten en barreras para aceptar a Jesús como la verdadera fuente de valor y salvación.

Un uso cauteloso del Salmo 14:1

En algunos casos, el Salmo 14:1 puede ser relevante, aunque debe compartirse con mucho cuidado, sinceridad y ternura: *«Dice el necio en su corazón: No hay Dios. Se han corrompido, hacen obras abominables; no hay quien haga el bien».*

Este versículo revela que una corrupción profunda en el corazón puede llevar a negar abiertamente a Dios. Satanás desea mantener a las personas en un estado de rebelión, rechazando la verdad para evitar rendir cuentas ante su Creador. Quienes niegan por completo la existencia de Dios a menudo lo hacen porque no quieren reconocer su autoridad sobre sus vidas.

Un llamado a elegir sabiamente

Rechazar a Jesucristo **no es un asunto trivial**, sino **una decisión con consecuencias eternas**. Como exhorta **Hebreos 3:15**: *«Si oyereis hoy su voz, no endurezcáis vuestros corazones».*

Los escépticos deben reconocer que **Dios los está llamando a la salvación**, e **ignorar su voz lleva a un autoengaño peligroso. Quienes buscan sinceramente la verdad, la encontrarán.**

Pastora Dra. Claudine Benjamin

El escepticismo y la autoridad de la Palabra de Dios

El escepticismo no es el problema principal del ser humano; el verdadero problema es el pecado. Incluso si una persona deja de ser escéptica, su necesidad más profunda continuará presente si no acepta a Jesucristo.

Cuando alguien viene a Cristo, sus dudas comienzan a resolverse.

Romanos 3:3-4 deja claro que **cuestionar la verdad no cambia la verdad**:

«¿Pues qué, si algunos de ellos han sido incrédulos? ¿Su incredulidad habrá hecho nula la fidelidad de Dios? De ninguna manera; antes bien, sea Dios veraz y todo hombre mentiroso; como está escrito: Para que seas justificado en tus palabras, y venzas cuando fueres juzgado».

Otro versículo muy poderoso que **el Espíritu Santo suele usar para convencer a los escépticos** es **Mateo 24:35**: *«El cielo y la tierra pasarán, pero mis palabras no pasarán».*

Este versículo nos da **la seguridad de la certeza y la inmutabilidad de la Palabra de Dios.**

El testimonio de Cristo sobre el Antiguo y el Nuevo Testamento

Algunos escépticos afirman aceptar la autoridad de Cristo mientras rechazan el Antiguo Testamento. Sin embargo, **el mismo Jesús afirmó que el Antiguo Testamento es la Palabra de Dios**:

- ***Marcos 7:13***: *«Invalidando la palabra de Dios con vuestra tradición que habéis transmitido; y muchas cosas hacéis semejantes a estas».*
- ***Mateo 5:18***: *«Porque de cierto os digo que hasta que pasen el cielo y la tierra, ni una jota ni una tilde pasará de la ley, hasta que todo se haya cumplido».*
- ***Juan 10:35***: *«Si llamó dioses a aquellos a quienes vino la palabra de Dios (y la Escritura no puede ser quebrantada)».*

Estos versículos muestran que **Cristo apoyó plenamente el Antiguo Testamento. Si aceptamos la autoridad de Cristo, también debemos aceptar la autoridad del Antiguo Testamento.**

De manera similar, **Jesús también confirmó la autoridad del Nuevo Testamento**:

- *Juan 14:26, «Mas el Consolador, el Espíritu Santo, a quien el Padre enviará en mi nombre, él os enseñará todas las cosas, y os recordará todo lo que yo os he dicho».*

- *Juan 16:12-13, «Aún tengo muchas cosas que deciros, pero ahora no las podéis sobrellevar. Pero cuando venga el Espíritu de verdad, él os guiará a toda la verdad; porque no hablará por su propia cuenta, sino que hablará todo lo que oyere, y os hará saber las cosas que habrán de venir».*

Estos pasajes afirman que el Espíritu Santo guio a los apóstoles en la redacción del Nuevo Testamento, asegurando su inspiración divina.

Pastora Dra. Claudine Benjamin

Las enseñanzas de Pablo como Palabra de Dios

Algunos escépticos afirman que Pablo nunca presentó sus enseñanzas como la Palabra de Dios, pero **1 Tesalonicenses 2:13** refuta esta idea: *«Por lo cual también nosotros damos gracias a Dios sin cesar, de que cuando recibisteis la palabra de Dios que oísteis de nosotros, la recibisteis no como palabra de hombres, sino según es en verdad, la palabra de Dios, la cual actúa en vosotros los creyentes».*

Otros pasajes que confirman el origen divino de las Escrituras incluyen:

- *2 Pedro 1:21, «Porque nunca la profecía fue traída por voluntad humana, sino que los santos hombres de Dios hablaron siendo inspirados por el Espíritu Santo».*

- *Juan 8:47, «El que es de Dios, la palabra de Dios oye; por esto no las oís vosotros, porque no sois de Dios».*

En Lucas 16:30-31, Jesús enfatiza que si las personas no creen en la Palabra de Dios, ni siquiera los milagros lograrán convencerlas.

La realidad de la vida después de la muerte

Cada persona debe enfrentarse a la realidad de la vida después de la muerte. La Biblia enseña claramente esta verdad:

- *1 Corintios 15:35-36, «Pero dirá alguno: ¿Cómo resucitarán los muertos? ¿Con qué cuerpo vendrán? Necio, lo que tú siembras no se vivifica, si no muere antes».*

La urgencia de ganar almas

- *Juan 5:28-29, «No os maravilléis de esto; porque vendrá hora cuando todos los que están en los sepulcros oirán su voz; y los que hicieron lo bueno saldrán a resurrección de vida, mas los que hicieron lo malo, a resurrección de condenación».*

- *Daniel 12:2, «Y muchos de los que duermen en el polvo de la tierra serán despertados, unos para vida eterna, y otros para vergüenza y confusión perpetua».*

La realidad del castigo eterno

Algunas personas dudan de la doctrina del castigo eterno, pero la Escritura es muy clara sobre este tema. Apocalipsis 21:8 describe a aquellos que sufrirán la segunda muerte: *«Pero los cobardes e incrédulos, los abominables y homicidas, los fornicarios y hechiceros, los idólatras y todos los mentirosos tendrán su parte en el lago que arde con fuego y azufre, que es la muerte segunda».*

Apocalipsis 17:8 y Apocalipsis 20:10 aclaran aún más que este castigo es eterno:

- *Apocalipsis 17:8a, «La bestia que has visto, era, y no es; y está para subir del abismo e ir a perdición».*

- *Apocalipsis 20:10, «Y el diablo que los engañaba fue lanzado en el lago de fuego y azufre, donde estaban la bestia y el falso profeta; y serán atormentados día y noche por los siglos de los siglos».*

Estos pasajes confirman que quienes rechazan a Dios no simplemente dejan de existir, sino que enfrentan un juicio eterno.

El Libro de la Vida y el Juicio Final

- Solo aquellos cuyos nombres estén escritos en el Libro de la Vida serán salvos (ver Apocalipsis 13:7-8).
- Jesús advierte sobre el juicio después de la muerte: *«Temed a aquel que después de haber quitado la vida tiene poder de echar en el infierno»* (ver Lucas 12:5).
- El pecado de blasfemia contra el Espíritu Santo es imperdonable y resulta en condenación eterna (ver Marcos 3:28-29).
- Jesús advierte sobre un juicio severo: «Bueno le fuera a ese hombre no haber nacido» (ver Marcos 14:21).

El infierno es un lugar de existencia consciente

Algunos argumentan que el infierno es simplemente la aniquilación, pero la Escritura enseña algo diferente:

- *2 Pedro 2:4, «Porque si Dios no perdonó a los ángeles que pecaron, sino que arrojándolos al infierno los entregó a prisiones de oscuridad, para ser reservados al juicio...».*

- *Judas 6, «Y a los ángeles que no guardaron su dignidad, sino que abandonaron su propia morada, los ha guardado bajo oscuridad, en prisiones eternas, para el juicio del gran día».*

El infierno no es un lugar donde las personas dejan de existir—es un lugar donde son mantenidas vivas para enfrentar el juicio de Dios.

La decisión crucial

Rechazar la Palabra de Dios tiene consecuencias eternas. Los escépticos pueden cuestionar las Escrituras, pero sus dudas no cambian la verdad. Jesús llama a cada persona a tomar una decisión: *«Si oyereis hoy su voz, no endurezcáis vuestros corazones». (Hebreos 3:15)*

Quienes buscan la verdad con un corazón abierto la encontrarán, porque Jesús prometió: *«El que quiera hacer la voluntad de Dios, conocerá si la doctrina es de Dios...». (Juan 7:17)*

La elección es clara: aceptar a Jesucristo y su Palabra o enfrentar la separación eterna de Dios.

La Biblia advierte repetidamente que rechazar a Jesucristo tiene consecuencias eternas. La Escritura proporciona evidencia clara de que el juicio divino es real, y que honrar al Hijo es inseparable de honrar al Padre.

Hebreos 10:28-29 lo deja muy claro: Mientras que el castigo bajo la Ley de Moisés era severo, rechazar a Jesucristo trae una condena aún mayor: *«El que viola la ley de Moisés, por el testimonio de dos o tres testigos, muere irremisiblemente. ¿Cuánto mayor castigo pensáis que merecerá el que pisoteare al Hijo de Dios, y tuviere por inmunda la sangre del pacto en la cual fue santificado, e hiciere afrenta al Espíritu de gracia?».*

El mismo Jesús confirmó que el juicio final será severo, como se declara en Mateo 25:41: *«Entonces dirá también a los de la izquierda: Apartaos de mí, malditos, al fuego eterno preparado para el diablo y sus ángeles».*

Esto concuerda con **Apocalipsis 9:20** y **Apocalipsis 21:10**, que describen el destino final de aquellos que siguen a la bestia, al falso profeta y a Satanás: el tormento eterno.

La necesidad de honrar al Hijo

Juan 5:23b enfatiza: «El que no honra al Hijo, no honra al Padre que le envió».

Negar la divinidad de Cristo es rechazar al mismo Dios. 1 Juan 2:22-23 advierte sobre este peligro: *«¿Quién es el mentiroso, sino el que niega que Jesús es el Cristo? Este es anticristo, el que niega al Padre y al Hijo. Todo aquel que niega al Hijo, tampoco tiene al Padre; el que confiesa al Hijo, tiene también al Padre»*.

La fe en Jesús como el Hijo de Dios es la base de la salvación:

- *1 Juan 5:1a, «Todo aquel que cree que Jesús es el Cristo, es nacido de Dios»*.

- *1 Juan 5:5, «¿Quién es el que vence al mundo, sino el que cree que Jesús es el Hijo de Dios?»*.

Rechazar a Cristo no es solo incredulidad —es hacer a Dios mentiroso.

1 Juan 5:10-12 dice: *«El que cree en el Hijo de Dios, tiene el testimonio en sí mismo; el que no cree a Dios, le ha hecho mentiroso, porque no ha creído en el testimonio que Dios ha dado acerca de su Hijo. Y este es el testimonio: que Dios nos ha dado vida eterna; y esta vida está en su Hijo. El que tiene al Hijo, tiene la vida; el que no tiene al Hijo de Dios, no tiene la vida»*.

Este pasaje deja muy claro que la salvación y la vida eterna se encuentran únicamente en Cristo.

La consecuencia eterna de rechazar a Cristo

El mismo Jesús advirtió sobre las consecuencias fatales de negarse a creer en Él:

- *Juan 8:24, – «Por eso os dije que moriréis en vuestros pecados; porque si no creéis que yo soy, en vuestros pecados moriréis».*

Quienes rechazan a Jesús permanecen espiritualmente muertos y enfrentan la separación eterna de Dios. La única manera de ser salvo es a través de la fe en la divinidad de Cristo. Como nos asegura Juan 5:24: *«De cierto, de cierto os digo: El que oye mi palabra y cree al que me envió, tiene vida eterna; y no vendrá a condenación, mas ha pasado de muerte a vida».*

El llamado a creer

La Biblia presenta una elección muy clara: creer en Jesucristo y recibir la vida eterna, o rechazarlo y enfrentar la separación eterna de Dios. Las Escrituras son firmes en su mensaje:

- **No hay salvación fuera de Cristo.**
- **Rechazarlo conduce a un juicio seguro.**
- **La fe en Él trae vida eterna.**

Como nos recuerda Hebreos 3:15: *«Si oyereis hoy su voz, no endurezcáis vuestros corazones»*. Ahora es el momento de creer y recibir el regalo de la vida eterna a través de Jesucristo.

Capítulo 12

Objeciones al llevar almas a Cristo

Al compartir el evangelio, muchas personas plantearán objeciones, especialmente cuestionando la justicia de Dios. Pueden argumentar que Dios es injusto o cruel. Sin embargo, esas acusaciones provienen de una perspectiva humana limitada.

Cuestionando la justicia de Dios

Acusar a Dios de injusticia es, en esencia, desafiar su autoridad y su sabiduría. La Biblia aborda directamente este tipo de razonamiento:

- Job, después de cuestionar a Dios, finalmente reconoce la infinita sabiduría de Dios y se arrepiente de haber hablado sin entendimiento (ver Job 42:1-6).

- **Romanos 9:20** – «*Mas antes, oh hombre, ¿quién eres tú para que alterques con Dios? ¿Dirá el vaso de barro al que lo formó: Por qué me has hecho así?*».

Este versículo en Romanos es una represión directa para quienes desafían la autoridad de Dios. Como creación, no estamos en posición de juzgar al Creador.

De manera similar, **Romanos 11:33** explica por qué los caminos de Dios a veces pueden parecer difíciles de entender: *«¡Oh profundidad de las riquezas de la sabiduría y de la ciencia de Dios! ¡Cuán insondables son sus juicios, e inescrutables sus caminos!»*.

Los caminos de Dios están más allá de la comprensión humana, y su justicia es perfecta. El problema no está en Dios, sino en nuestro entendimiento limitado.

La disciplina de Dios y el sufrimiento humano

Algunas personas resisten venir a Cristo por causa de su sufrimiento personal, creyendo que Dios es injusto al permitir dificultades. Sin embargo, Hebreos 12:5, 7, 10-11 nos ofrece una perspectiva importante:

- *Hebreos 12:5, «Y habéis ya olvidado la exhortación que como a hijos se os dirige, diciendo: Hijo mío, no menosprecies la disciplina del Señor, ni desmayes cuando eres reprendido por él».*

- *Hebreos 12:7, «Si soportáis la disciplina, Dios os trata como a hijos; porque ¿qué hijo es aquel a quien el padre no disciplina?».*

- *Hebreos 12:10-11, «Y aquellos, ciertamente por pocos días nos disciplinaban como a ellos les parecía, pero este para lo que nos es provechoso, para que participemos de su santidad. Es verdad que ninguna disciplina al presente parece ser causa de gozo, sino de tristeza; pero después da fruto apacible de justicia a los que en ella han sido ejercitados».*

Este pasaje explica que el sufrimiento a menudo es una forma de disciplina y refinamiento destinada a acercarnos más a Dios. En lugar de ver las dificultades como crueldad, debemos verlas como una oportunidad para crecer espiritualmente.

Un llamado a confiar en la sabiduría de Dios

En última instancia, las objeciones sobre la justicia de Dios surgen de una falta de confianza en su plan perfecto. La Escritura nos anima a rendirnos a la sabiduría de Dios y aceptar que sus caminos siempre son correctos.

- *Proverbios 3:5-6, «Confía en el Señor con todo tu corazón, y no te apoyes en tu propia prudencia. Reconócelo en todos tus caminos, y él enderezará tus veredas».*

En lugar de cuestionar los caminos de Dios, el verdadero desafío es confiar en Él. Su justicia es segura, su amor es inmutable, y su deseo es que todos lleguen al arrepentimiento y a la salvación.

Cuando lleves almas a Cristo, espera encontrar objeciones sobre la justicia de Dios, pero recuerda:

- **La justicia de Dios es perfecta** – Aunque a veces esté más allá de la comprensión humana.
- **El sufrimiento tiene un propósito** – Puede ser una herramienta para el crecimiento espiritual y la disciplina.

- **La fe requiere confianza** – En lugar de cuestionar a Dios, debemos buscarlo con humildad.

Anima a quienes luchan con estas objeciones a buscar la verdad de Dios a través de su Palabra y a confiar en su plan divino.

Muchos argumentan que Dios es injusto por crear a los hombres solo para luego destruirlos. Sin embargo, **la Escritura refuta directamente esta afirmación.** Ezequiel 33:11 declara: *«Diles: Vivo yo, dice el Señor Dios, que no quiero la muerte del impío, sino que se vuelva el impío de su camino y que viva. Volveos, volveos de vuestros malos caminos; ¿por qué moriréis, oh casa de Israel?».*

Este pasaje deja muy claro: Dios no se complace en la destrucción de los malvados. Al contrario, Él desea que se arrepientan y vivan. La condenación eterna no es impuesta por la injusticia de Dios, sino que es el resultado de la obstinada negativa de las personas a arrepentirse.

1 Timoteo 2:3-4 refuerza aún más que Dios no crea personas simplemente para condenarlas: *«Porque esto es bueno y agradable delante de Dios nuestro Salvador, el cual quiere que todos los hombres sean salvos y vengan al conocimiento de la verdad».*

De manera similar, 2 Pedro 3:9 nos asegura: *«El Señor no retarda su promesa, como algunos la tienen por tardanza, sino que es paciente para con nosotros, no queriendo que ninguno perezca, sino que todos procedan al arrepentimiento».*

La causa de la condenación del hombre es su rechazo voluntario y persistente de Cristo. El mismo Jesús reprendió la falta de disposición de las personas para venir a Él en Juan 5:40: «*Y no queréis venir a mí para que tengáis vida*».

Asimismo, en Mateo 23:37, Jesús lamentó el rechazo de Jerusalén: «*¡Jerusalén, Jerusalén, que matas a los profetas y apedreas a los que te son enviados! ¡Cuántas veces quise juntar a tus hijos, como la gallina junta sus polluelos debajo de sus alas, y no quisiste!*».

Respondiendo a las acusaciones de contradicciones

La Biblia es criticada a menudo por ser contradictoria o irracional. Sin embargo, la misma Escritura explica por qué los incrédulos la perciben de esa manera.

1 Corintios 1:18, «Porque la palabra de la cruz es locura a los que se pierden; pero a los que se salvan, esto es, a nosotros, es poder de Dios».

1 Corintios 2:14, «Pero el hombre natural no percibe las cosas que son del Espíritu de Dios, porque para él son locura, y no las puede entender, porque se han de discernir espiritualmente».

2 Corintios 4:3-4, «Pero si nuestro evangelio está aún encubierto, entre los que se pierden está encubierto; en los cuales el dios de este siglo cegó el entendimiento de los incrédulos, para que no les resplandezca la luz del evangelio de la gloria de Cristo, el cual es la imagen de Dios».

Daniel 12:10 confirma que los malvados no entenderán: «*Muchos serán limpios, y emblanquecidos y purificados; mas los impíos procederán impíamente, y ninguno de los impíos entenderá, pero los entendidos comprenderán*».

Para casos extremos, pasajes adicionales como 2 Tesalonicenses 2:10-12, Salmo 25:14 y Mateo 11:25 arrojan más luz sobre la situación.

2 Tesalonicenses 2:10-12 describe a aquellos que rechazan la verdad: *«Y con todo engaño de iniquidad para los que se pierden, por cuanto no recibieron el amor de la verdad para ser salvos. Por esto Dios les envía un poder engañoso, para que crean la mentira, a fin de que sean condenados todos los que no creyeron a la verdad, sino que se complacieron en la injusticia»*.

Salmo 25:14 revela que Dios se da a conocer a los que le temen: *«La comunión íntima del Señor es con los que le temen, y a ellos hará conocer su pacto»*.

Mateo 11:25 muestra que Dios revela la verdad a los humildes: *«En aquel tiempo, respondiendo Jesús, dijo: Te alabo, Padre, Señor del cielo y de la tierra, porque escondiste estas cosas de los sabios y de los entendidos, y las revelaste a los niños»*.

Una forma muy efectiva de desafiar a quienes dicen que la Biblia es contradictoria es entregarles una Biblia y pedirles que muestren un ejemplo. En la mayoría de los casos, ni siquiera lo intentarán. Muchos de los que critican la Biblia lo hacen sin haberla leído realmente.

¿Por qué tuvo que morir Jesús?

Una objeción común es: ¿Por qué tuvo que morir Jesús? ¿No podía Dios haber salvado a las personas de otra manera?

La urgencia de ganar almas

La Escritura nos da la respuesta. Isaías 55:8-9 nos recuerda que los caminos de Dios están más allá de nuestro entendimiento:

«Porque mis pensamientos no son vuestros pensamientos, ni vuestros caminos mis caminos, dice el Señor. Como son más altos los cielos que la tierra, así son mis caminos más altos que vuestros caminos, y mis pensamientos más que vuestros pensamientos».

Romanos 9:20 reprende a quienes desafían la autoridad de Dios: *«Mas antes, oh hombre, ¿quién eres tú para que alterques con Dios? ¿Dirá el vaso de barro al que lo formó: Por qué me has hecho así?».*

Dios, en su perfecta sabiduría, decidió que la salvación vendría a través del sacrificio de su Hijo. En lugar de preguntarnos por qué, deberíamos maravillarnos de su misericordia y de su gracia.

Estos pasajes desafían a las personas a confiar en el plan de Dios en lugar de cuestionar sus acciones. Él tiene la autoridad final sobre todas las cosas.

Muchas veces, cuando animamos a otros a aceptar a Cristo como su Salvador, responden diciendo: *«Hay demasiados hipócritas en la iglesia».*

Romanos 14:4 y Romanos 14:12 abordan directamente esta preocupación. Estos versículos nos recuerdan que no es nuestro papel juzgar a los demás; más bien, debemos enfocarnos en nuestra propia relación con Dios. El versículo 12 lo deja claro: cada uno de nosotros dará cuenta de sí mismo a Cristo, no a otras personas.

Romanos 2:1 refuerza aún más este punto, advirtiendo que aquellos que juzgan a otros son culpables de los mismos pecados.

Ahora es el momento

Muchas personas retrasan su decisión por Cristo. Dicen: *«Quiero esperar»*, *«No esta noche»* o *«Lo pensaré»*.

Isaías 55:6 nos insta: *«Buscad al Señor mientras puede ser hallado, llamadle en tanto que está cercano»*. De manera similar, Proverbios 29:1 advierte sobre el peligro de ignorar la corrección de Dios: *«El hombre que reprendido endurece la cerviz, de repente será quebrantado, y no habrá para él medicina»*.

Algunos dudan diciendo que son demasiado jóvenes o que decidirán cuando sean mayores. Eclesiastés 12:1 da una respuesta muy clara: *«Acuérdate de tu Creador en los días de tu juventud, antes que vengan los días malos, y lleguen los años de los cuales digas: No tengo en ellos contentamiento»*.

Mateo 19:14 y Mateo 18:3 también enfatizan que la juventud es el mejor momento para venir a Cristo. El mismo Jesús enseñó que debemos volvernos como niños para entrar en el reino de los cielos.

Cuando hables con personas que posponen su decisión, usar estos mismos pasajes que desafían la indiferencia puede ser muy efectivo. El objetivo es impresionarles la necesidad de Cristo para que ya no quieran postergar su decisión.

A veces, centrarse en un solo versículo y repetirlo con convicción puede ser lo más efectivo. Una vez hablé con alguien que me dijo que no podía decidir esa noche. Simplemente cité Salmo 29:1:

La urgencia de ganar almas

«Tributad al Señor, oh hijos de los poderosos, dad al Señor la gloria y el poder».

Capítulo 13

Llenos de excusas

Muchas personas están llenas de excusas, voluntariosas y tercas.

A menudo dicen: *«No quiero hablar ahora»*. En esos casos, lo mejor suele ser compartir un pasaje de la Escritura y luego dar un paso atrás, dejando que la Palabra de Dios hable a su corazón.

Algunos pasajes poderosos para este propósito incluyen:

- *Romanos 6:23, «Porque la paga del pecado es muerte, mas la dádiva de Dios es vida eterna en Cristo Jesús Señor nuestro».*

- *Hebreos 10:28-29, «El que viola la ley de Moisés, por el testimonio de dos o tres testigos, muere irremisiblemente. ¿Cuánto mayor castigo pensáis que merecerá el que pisoteare al Hijo de Dios, y tuviere por inmunda la sangre del pacto en la cual fue santificado, e hiciere afrenta al Espíritu de gracia?».*

- *Marcos 16:16, «El que creyere y fuere bautizado será salvo; mas el que no creyere será condenado».*
- *Proverbios 29:1, «El hombre que reprendido endurece la cerviz, de repente será quebrantado, y no habrá para él medicina».*

La excusa del rencor

Otros pueden protestar diciendo: *«No puedo perdonar a alguien»*. Pero **la Escritura es clara: el perdón no es opcional.** **Mateo 6:15** advierte: *«Mas si no perdonáis a los hombres sus ofensas, tampoco vuestro Padre os perdonará vuestras ofensas»*.

Jesús ilustra aún más esta verdad en **Mateo 18:23-35**, en **la Parábola del siervo que no quiso perdonar,** mostrando que **aquellos que se niegan a perdonar enfrentarán juicio.**

Algunos pueden sentir que perdonar es imposible, pero **Filipenses 4:13** ofrece consuelo: *«Todo lo puedo en Cristo que me fortalece»*. En **Ezequiel 36:26**, Dios promete transformación: *«Os daré corazón nuevo, y pondré espíritu nuevo dentro de vosotros; y quitaré de vuestra carne el corazón de piedra, y os daré un corazón de carne»*.

Muchos son apartados de Cristo **por un espíritu de falta de perdón**.

A veces, **la clave para superar esto es simplemente guiarlos en oración,** animándolos a **arrodillarse y pedir a Dios que elimine toda amargura.**

La urgencia de ganar almas

Algunas personas admiten: *«Amo demasiado al mundo»*. **Marcos 8:36** es un pasaje excelente para compartir con ellas: *«¿Pues qué aprovechará al hombre si ganare todo el mundo, y perdiere su alma?»*.

Lucas 12:16–20 advierte sobre **la necedad de confiar en las riquezas terrenales**. Además, **1 Juan 2:15–17** nos advierte contra **amar al mundo**, recordándonos que **los deseos mundanos son pasajeros**.

Sin embargo, **Salmo 84:11** y **Romanos 8:32** prometen que **Dios no negará ningún bien a sus hijos**.

Excusas para evitar la confesión

Algunos reconocen su pecado pero dudan en confesarlo. **Proverbios 28:13** dice: *«El que encubre sus pecados no prosperará; mas el que los confiesa y se aparta alcanzará misericordia»*.

Este versículo revela **la miseria que acompaña al pecado no confesado**.

Otros podrían decir: *«No quiero hacer una confesión pública»*. Sin embargo, **Romanos 10:9** y **Mateo 10:32–33** dejan claro que **la confesión es necesaria**: *«A cualquiera, pues, que me confiese delante de los hombres, yo también le confesaré delante de mi Padre que está en los cielos. Y a cualquiera que me niegue delante de los hombres, yo también le negaré delante de mi Padre que está en los cielos»*.

Pastora Dra. Claudine Benjamin

Marcos 8:38 advierte además sobre **el peligro de avergonzarse de Cristo**: *«Porque el que se avergonzare de mí y de mis palabras en esta generación adúltera y pecadora, el Hijo del Hombre se avergonzará también de él cuando venga en la gloria de su Padre con los santos ángeles».*

Proverbios 24:25 nos recuerda que **aquellos que reprenden el pecado recibirán bendición**: *«Mas los que lo reprendieren tendrán felicidad, y sobre ellos vendrá gran bendición».*

Querer hacer las cosas a tu manera

Algunos dicen: *«Quiero hacer las cosas a mi manera».* Pero Isaías 55:8–9 nos recuerda que los caminos de Dios son mucho más grandes que los nuestros: *«Porque mis pensamientos no son vuestros pensamientos, ni vuestros caminos mis caminos, dice el Señor. Como son más altos los cielos que la tierra, así son mis caminos más altos que vuestros caminos, y mis pensamientos más que vuestros pensamientos».*

Proverbios 14:12 advierte sobre el peligro de seguir nuestro propio camino: *«Hay camino que al hombre le parece derecho; pero su fin es camino de muerte».*

Negarse a tomar una decisión

Algunos se niegan a decidir, diciendo: *«Ni acepto a Cristo ni lo rechazo».* Pero Jesús no deja espacio para la neutralidad. Mateo 12:30 dice: *«El que no es conmigo, contra mí es; y el que conmigo no recoge, desparrama».*

Este versículo ha sido clave para convencer a muchos.

El asistente a la Iglesia que confía en ser miembro

Algunos creen que son salvos simplemente por asistir a la iglesia. Una forma poderosa de llegar a estas personas es mostrarles la necesidad del nuevo nacimiento. Ezequiel 36:25-27 describe esta transformación, y 2 Corintios 5:17 lo afirma: *«De modo que si alguno está en Cristo, nueva criatura es; las cosas viejas pasaron; he aquí todas son hechas nuevas».*

Del mismo modo, 2 Pedro 1:4 nos recuerda que estar en Cristo significa participar de la naturaleza divina. La verdadera salvación no se trata de ser miembro de una iglesia, sino de nacer de nuevo.

Muchas personas asisten regularmente a la iglesia y asumen que «nuevo nacimiento» se refiere al bautismo. Sin embargo, claramente significa algo más profundo. En 1 Corintios 4:15, Pablo les dijo a los cristianos de Galacia: *«Yo os engendré por medio del evangelio».* Si el nuevo nacimiento fuera simplemente el bautismo, Pablo los habría bautizado él mismo. Y, sin embargo, en 1 Corintios 1:14, declara: *«Doy gracias a Dios de que a ninguno de vosotros he bautizado, sino a Crispo y a Gayo».*

Esta distinción deja claro que el nuevo nacimiento no es solo el bautismo, sino algo más profundo.

Vemos otro ejemplo en Hechos 8:13-21. Simón el Mago creyó y fue bautizado, pero más adelante Pedro lo reprendió porque su corazón no era recto delante de Dios. Este pasaje demuestra que alguien puede ser bautizado y aun así no haber experimentado una verdadera transformación espiritual. Hechos 8:23 lo confirma: *«Porque en hiel de amargura y en prisión de maldad veo que estás».*

Está claro: el bautismo por sí solo no garantiza la salvación; el nuevo nacimiento debe incluir un cambio genuino de corazón.

Para entender en qué consiste el verdadero nuevo nacimiento, debemos examinar lo que dice la Biblia:

- *1 Juan 2:29, «Si sabéis que él es justo, sabed también que todo el que hace justicia es nacido de él».*

- *1 Juan 5:1–4, «Todo aquel que cree que Jesús es el Cristo, es nacido de Dios... Porque todo lo que es nacido de Dios vence al mundo; y esta es la victoria que ha vencido al mundo, nuestra fe».*

Estos pasajes resaltan que el nuevo nacimiento se caracteriza por la fe en Cristo, el amor por Dios, la obediencia a sus mandamientos y la victoria sobre el pecado.

¿Cómo puedo nacer de nuevo?

La respuesta está en la Escritura:

- *1 Juan 5:12, «El que tiene al Hijo, tiene la vida; el que no tiene al Hijo de Dios, no tiene la vida».*

- *1 Pedro 1:23, «Siendo renacidos, no de simiente corruptible, sino de incorruptible, por la palabra de Dios que vive y permanece para siempre».*

- *Santiago 1:18, «Él, de su voluntad, nos hizo nacer por la palabra de verdad, para que seamos primicias de sus criaturas».*

El nuevo nacimiento ocurre por medio de la fe en Cristo y el poder transformador de la Palabra de Dios. No se trata solo de un ritual externo, sino de una renovación interior.

La necesidad del arrepentimiento

La verdadera salvación requiere arrepentimiento, es decir, apartarse del pecado.

- *Isaías 55:7, «Deje el impío su camino, y el hombre inicuo sus pensamientos, y vuélvase al Señor, el cual tendrá de él misericordia».*

- *Jonás 3:10, «Y vio Dios lo que hicieron, que se convirtieron de su mal camino; y se arrepintió del mal que había dicho que les haría, y no lo hizo».*

Muchos que asisten a la iglesia no tienen la seguridad de su salvación. Viven con la esperanza de ser perdonados, en lugar de saber con certeza que ya lo son. Pero la Escritura asegura a los creyentes la vida eterna:

- *1 Juan 5:13, «Estas cosas os he escrito a vosotros que creéis en el nombre del Hijo de Dios, para que sepáis que tenéis vida eterna».*

- *Juan 3:36, «El que cree en el Hijo tiene vida eterna; pero el que rehúsa creer en el Hijo no verá la vida, sino que la ira de Dios está sobre él».*

Pastora Dra. Claudine Benjamin

Alcanzando a los asistentes a la iglesia con el evangelio

Algunos piensan que no tiene sentido evangelizar a quienes confían en su membresía en la iglesia para salvarse. Sin embargo, muchas personas que asisten a la iglesia están buscando algo que no han encontrado en sus prácticas religiosas. Si les mostramos la verdad a través de la Palabra de Dios, vendrán a Cristo y crecerán como creyentes firmes.

Para despertar en una persona su necesidad de salvación, debemos mostrarle su pecado:

- *Mateo 22:37–38, «Jesús le dijo: Amarás al Señor tu Dios con todo tu corazón, y con toda tu alma, y con toda tu mente. Este es el primero y grande mandamiento».*

- *Isaías 53:6, «Todos nosotros nos descarriamos como ovejas, cada cual se apartó por su camino; mas el Señor cargó en él el pecado de todos nosotros».*

Cuando tratamos con personas que están engañadas, es sabio comenzar con Juan 7:17: *«El que quiera hacer la voluntad de Dios, conocerá si la doctrina es de Dios, o si yo hablo por mi propia cuenta».* Las personas solo saldrán del engaño si realmente desean conocer la verdad. Nuestro papel es guiarlos hacia ese deseo y mostrarles el camino a Cristo.

Capítulo 14

Consejos para ganar almas

Cuando busques compartir el evangelio, siempre confía en la guía del Espíritu Santo para saber a quién debes acercarte. Por lo general, es recomendable hablar con personas de tu mismo sexo y de edad parecida. Aunque el Espíritu Santo puede guiarte a hablar con alguien del sexo opuesto, los cristianos con más experiencia coinciden en que, en la mayoría de los casos, los hombres son más efectivos compartiendo con hombres, y las mujeres con mujeres. Esto es especialmente importante cuando se trata de personas jóvenes.

Lamentablemente, pueden surgir complicaciones cuando un joven intenta guiar a una joven a Cristo, o viceversa. Sin embargo, una mujer mayor, con actitud maternal, puede ser muy adecuada para ministrar a un chico o a un joven, así como un hombre mayor, con actitud paternal, puede ser efectivo guiando a una chica o a una joven. Además, por lo general, no es aconsejable que un creyente joven o con poca experiencia entable conversaciones espirituales con alguien mucho mayor o con mucho más conocimiento.

Siempre que sea posible, comparte el evangelio con la persona en privado. La mayoría de la gente se muestra reacia a abrir su corazón en un tema tan personal y sagrado cuando hay otras personas presentes. Muchos que resistirían la convicción por orgullo frente a sus amigos pueden reconocer su necesidad de Cristo cuando se les habla de forma individual. Por lo general, es más efectivo que una sola persona hable con alguien que aún no ha creído, en lugar de que varias personas intenten convencerlo a la vez. Sin embargo, también puedes guiar con éxito a varias personas a Cristo si las atiendes una por una.

Confía en el Espíritu Santo y en la Palabra de Dios. En lugar de solo citar o leerle un versículo a alguien, anímalo a que lo lea por sí mismo. La verdad puede llegar a su corazón tanto por los ojos como por los oídos. Muchas veces, lo más efectivo es enfocarse en un solo versículo, repitiéndolo y conversando sobre él hasta que deje una impresión duradera. Incluso mucho después de que termine tu conversación, puede que esa palabra siga resonando en su memoria.

Puede ser muy poderoso cuando alguien puede señalar un versículo específico de la Palabra de Dios y decir: *«Sé que mis pecados han sido perdonados y que soy hijo de Dios, porque esta promesa lo confirma»*. A veces, reunir varios pasajes sobre un mismo tema puede tener un gran impacto, convenciendo la mente y tocando el corazón.

Mantén siempre el enfoque en aceptar a Cristo. Si la persona intenta desviar la conversación hacia diferencias denominacionales, el bautismo, teorías sobre el castigo eterno u otros temas secundarios, guíala con suavidad de vuelta a la pregunta central: su necesidad de un Salvador.

Todos esos otros asuntos se pueden tratar después de que haya tomado una decisión sobre Cristo. Muchas oportunidades de arrepentimiento se han perdido porque creyentes inexpertos se han dejado distraer por debates secundarios. Mantente enfocado y deja que el Espíritu Santo haga su obra.

Sé cortés

Por falta de tacto o por una actitud impertinente, muchos cristianos bien intencionados pero indiscretos terminan alejando a las mismas personas que esperan guiar a Cristo. Sin embargo, es posible ser honesto y, al mismo tiempo, cortés. Puedes señalar el pecado de alguien sin ofenderlo. Una actitud amable permite que la verdad llegue más profundo, porque no despierta resistencia en el corazón.

Un enfoque demasiado agresivo puede hacer que la persona se ponga a la defensiva y se cierre, dificultando mucho que el mensaje le llegue. En cambio, deja que tu amabilidad y sinceridad abran la puerta al evangelio.

Sé sincero

Solo un cristiano sincero puede transmitir de verdad el poder y la verdad de la Palabra de Dios a una persona no creyente. Antes de usar las Escrituras para hablar con otros, deja que esos mismos pasajes lleguen primero al fondo de tu propio corazón. Dedica tiempo a la oración, arrodíllate ante Dios y medita en Su Palabra hasta que sientas su poder.

Pablo dio ejemplo de esta profunda sinceridad cuando dijo: *«Por tanto, velad, acordándoos que, por tres años, de noche y de día, no he cesado de amonestar con lágrimas a cada uno».* (Hechos 20:31)

La pasión y la convicción genuinas son mucho más efectivas que cualquier clase o manual de estudio.

Nunca pierdas la calma

Nunca dejes que la frustración se apodere de ti cuando estás tratando de guiar a alguien a Cristo. Algunas personas pueden ser muy difíciles, pero la paciencia y la dulzura pueden abrirse paso incluso en los corazones más duros. Perder la calma daña tu testimonio y le da a la otra persona una excusa para seguir en su pecado.

Cuanto más molesta sea una persona, más fuerte será tu testimonio si respondes con amabilidad a sus ofensas. Muchas veces, quienes al principio parecen más cerrados, con el tiempo vuelven con humildad y arrepentimiento.

Evita las discusiones acaloradas a toda costa. Las peleas vienen de la carne, no del Espíritu, como advierte Gálatas 5:20: *«idolatría, hechicería, enemistades, pleitos, celos, iras, contiendas, disensiones, herejías»*.

En cambio, deberíamos reflejar el fruto del Espíritu: *«amor, gozo, paz, paciencia, benignidad, bondad, fe, mansedumbre, dominio propio. Contra tales cosas no hay ley». (Gálatas 5:22-23)*

Muchas discusiones nacen del orgullo: del deseo de «ganar» una conversación en lugar de llevar a alguien a Cristo. Si la persona tiene una creencia equivocada que debe corregirse antes de que pueda recibir el evangelio, hazlo con calma y con cariño. La verdad, cuando se dice con amor, es mucho más efectiva que cualquier debate.

Nunca interrumpas

Nunca interrumpas a alguien que está en medio de guiar a otra persona a Cristo. Puede que sientas que no lo está haciendo de la mejor manera, pero espera con paciencia... ya habrá oportunidades para que tú también puedas aportar más adelante. Muchas veces, un creyente con poca experiencia, pero con un corazón sincero ha llevado a alguien casi hasta el punto de tomar una decisión, y otra persona se ha entrometido, rompiendo ese momento clave.

Por otro lado, si tú eres quien está compartiendo el evangelio, no dejes que otros te interrumpan. Una palabra amable pero clara puede evitar distracciones y permitir que la conversación fluya con tranquilidad.

No tengas prisa

Una de las mayores debilidades del trabajo cristiano hoy en día es la prisa. A menudo queremos resultados rápidos y, por ello, hacemos un trabajo superficial. Muchas personas que siguieron a Cristo llegaron a Él poco a poco. Piensa en Nicodemo, en José de Arimatea, e incluso en Pedro y Pablo. Aunque la conversión de Pablo parezca repentina, su transformación tomó tiempo.

El mismo Pablo pasó tres días ciego y en oración después de encontrarse con Cristo, antes de hacer una confesión pública de fe: *«Y ahora, ¿por qué te detienes? Levántate, bautízate y lava tus pecados, invocando su nombre».* (Hechos 22:16)

Una sola persona que es bien discipulada y entrega su vida a Cristo de forma genuina vale mucho más que una docena que repiten una oración rápida sin entender de verdad. Muchas veces, lo más sabio es sembrar una semilla de verdad en el corazón de alguien... y darle tiempo para que crezca.

Jesús enseñó que las semillas sembradas en tierra poco profunda y pedregosa pueden brotar rápidamente, pero también se secan con la misma rapidez. La transformación verdadera echa raíces en corazones preparados. Sé paciente, confía en el Espíritu Santo y permite que Dios haga Su obra.

El poder de la oración en la conquista de almas

Siempre que sea posible, invita a la persona con la que estás hablando a orar contigo. La oración tiene el poder de romper fortalezas, ablandar corazones y llevar a las personas a la presencia de Dios. Muchos que parecían resistentes al evangelio han sido transformados por el poder de la oración.

Si te encuentras con dificultades al compartir tu fe, llévalas en oración a Dios. Pídele sabiduría y dirección. Si te cuesta usar los versículos adecuados, repasa la sección de este libro que explica cómo acercarte a diferentes tipos de personas. Reflexiona sobre tu experiencia y, si es posible, vuelve a intentarlo. Incluso cuando parece que hemos fracasado, Dios puede usar esos momentos para prepararnos para victorias mayores.

Ayudando a los nuevos creyentes a crecer

Una vez que alguien acepta a Cristo, es fundamental acompañarlo en su nueva fe. Sin un buen discipulado, muchos nuevos creyentes se desaniman o se apartan. Los siguientes pasos pueden ayudarles a crecer como seguidores firmes de Cristo:

1. Confesar a Cristo abiertamente

Anímalos a reconocer públicamente su fe. Jesús nos llama a confesarlo delante de los demás.

- *Romanos 10:9-10, «Que si confesares con tu boca que Jesús es el Señor, y creyeres en tu corazón que Dios le levantó de los muertos, serás salvo. Porque con el corazón se cree para justicia, pero con la boca se confiesa para salvación».*
- *Mateo 10:32-33, «A cualquiera, pues, que me confiese delante de los hombres, yo también le confesaré delante de mi Padre que está en los cielos. Y a cualquiera que me niegue delante de los hombres, yo también le negaré delante de mi Padre que está en los cielos».*

Anímalos a compartir su testimonio con familiares y amigos.

2. Bautízate y participa en la Cena del Señor

El bautismo es una declaración pública de fe y obediencia a Cristo. Anima a los nuevos creyentes a bautizarse lo antes posible.

- *Hechos 2:38, «Pedro les dijo: Arrepentíos, y bautícese cada uno de vosotros en el nombre de Jesucristo para perdón de los pecados; y recibiréis el don del Espíritu Santo».*

De igual manera, participar en la Cena del Señor ayuda a los creyentes a recordar el sacrificio de Cristo.

- *Lucas 22:19b, «Esto es mi cuerpo, que por vosotros es dado; haced esto en memoria de mí».*

3. Estudia la Palabra de Dios todos los días

Así como el alimento físico sostiene el cuerpo, la Palabra de Dios nutre el alma. Los nuevos creyentes deben desarrollar el hábito de leer la Biblia cada día.

- *1 Pedro 2:2, «Desead, como niños recién nacidos, la leche espiritual no adulterada, para que por ella crezcáis».*
- *Hechos 20:32, «Y ahora, hermanos, os encomiendo a Dios y a la palabra de su gracia, que tiene poder para sobreedificaros y daros herencia con todos los santificados».*

4. Ora cada día y en momentos de tentación

Una vida de oración fuerte es esencial para el crecimiento espiritual. Anima a los nuevos creyentes a hablar con Dios regularmente.

- *1 Tesalonicenses 5:17, «Orad sin cesar».*
- *Lucas 11:9, «Pedid, y se os dará; buscad, y hallaréis; llamad, y se os abrirá».*

5. Apártate del pecado y camina en obediencia

Anímales a alejarse del pecado, por pequeño que sea, y a confiar en la guía de Dios.

- *Juan 14:23, «El que me ama, mi palabra guardará; y mi Padre le amará, y vendremos a él, y haremos morada con él».*
- *Romanos 14:23, «Todo lo que no proviene de fe, es pecado».*

6. Reúnete con otros creyentes

Formar parte de una iglesia es vital para el crecimiento espiritual. Los primeros cristianos se reunían con regularidad para tener comunión, orar y recibir enseñanza.

- *Hebreos 10:25, «No dejando de congregarnos, como algunos tienen por costumbre, sino exhortándonos».*
- *Hechos 2:42, «Y perseveraban en la doctrina de los apóstoles, en la comunión unos con otros, en el partimiento del pan y en las oraciones».*

Anima a los nuevos creyentes a buscar una iglesia donde se enseñe la Biblia y puedan crecer.

7. Sirve a Cristo y comparte el evangelio

Los nuevos creyentes deben ser motivados a usar sus dones y talentos para el Reino de Dios. Jesús nos llama a ser buenos administradores de lo que Él nos ha dado.

- La parábola de los talentos nos enseña a invertir nuestros dones en la obra de Dios (ver Mateo 25:14-29).

Anímales a compartir su fe activamente con otros, así como alguien lo hizo con ellos.

Cuando caigas en pecado, no te rindas

Todos tropezamos en algún momento, pero la gracia de Dios es más grande que nuestros fracasos. Anima a los creyentes a confesar sus pecados de inmediato y seguir caminando con Dios.

- *1 Juan 1:9, «Si confesamos nuestros pecados, él es fiel y justo para perdonar nuestros pecados y limpiarnos de toda maldad».*
- *Filipenses 3:13-14, «Hermanos, yo mismo no pretendo haberlo ya alcanzado; pero una cosa hago: olvidando ciertamente lo que queda atrás, y extendiéndome a lo que está delante, prosigo a la meta, al premio del supremo llamamiento de Dios en Cristo Jesús».*

Tu papel en el seguimiento

Guiar a alguien a Cristo es solo el comienzo. Ayudarle a crecer es igual de importante. Muchos nuevos creyentes luchan porque no reciben el acompañamiento espiritual adecuado.

- Mantente en contacto y anímales.
- Ora por ellos a diario.
- Ayúdales a mantenerse responsables en su fe.

Cómo ser un testigo efectivo de Cristo

Jesús dijo: *«Sígueme, y yo os haré pescadores de hombres» (Mateo 4:19).* Aquí tienes cómo puedes ser un ganador de almas más efectivo:

1. Desarrolla un corazón por la evangelización

Ora para que Dios te dé una carga en el corazón por los que aún no le conocen. Lleva una lista de personas por las que estás orando y pídele a Dios oportunidades para compartirles el evangelio.

2. Vive una vida centrada en Cristo

Tu vida debe reflejar el amor, la integridad y la fe de Cristo.

- *Mateo 5:16, «Así alumbre vuestra luz delante de los hombres, para que vean vuestras buenas obras y glorifiquen a vuestro Padre que está en los cielos».*

3. Construye relaciones genuinas

Jesús pasaba tiempo con los pecadores, no para parecerse a ellos, sino para guiarlos a la salvación. Sé intencional al formar relaciones con personas que necesitan a Cristo.

4. Memoriza versículos clave del evangelio

Prepárate para compartir el evangelio conociendo pasajes esenciales:

- *Romanos 3:23, «Por cuanto todos pecaron, y están destituidos de la gloria de Dios».*
- *Romanos 6:23: «Porque la paga del pecado es muerte, mas la dádiva de Dios es vida eterna en Cristo Jesús Señor nuestro».*
- *Romanos 5:8: «Mas Dios muestra su amor para con nosotros, en que siendo aún pecadores, Cristo murió por nosotros».*
- *Romanos 10:9: «Que si confesares con tu boca que Jesús es el Señor, y creyeres en tu corazón que Dios le levantó de los muertos, serás salvo».*

5. Crea oportunidades para compartir a Cristo

A veces, tendrás que dar el primer paso. Busca momentos en los que puedas introducir a Jesús en la conversación.

6. Confía en Dios para los resultados

Tu responsabilidad es compartir el evangelio, pero solo Dios puede transformar los corazones. Haz tu parte y deja que Él haga la suya.

Capítulo 15

†

Los inseguros

A veces, la falta de seguridad viene simplemente por ignorancia. La Biblia nos enseña que podemos saber que tenemos vida eterna. Muchas veces, cuando preguntas a alguien si sabe que es salvo, si sus pecados han sido perdonados o si tiene vida eterna, te responde: «Bueno, eso nadie lo sabe». Pero tú puedes contestar: «Sí, la Biblia dice que todos los que creen pueden tener esa certeza».

Por ejemplo, mira lo que dice 1 Juan 5:13: «Estas cosas os he escrito a vosotros que creéis en el nombre del Hijo de Dios, para que sepáis que tenéis vida eterna, y para que creáis en el nombre del Hijo de Dios».

Varios otros pasajes confirman esta verdad:

- *Juan 1:12, «Mas a todos los que le recibieron, a los que creen en su nombre, les dio potestad de ser hechos hijos de Dios». Este versículo muestra que Cristo da el poder de ser hechos hijos de Dios a todos los que lo reciben.*

- *Juan 3:36, «El que cree en el Hijo tiene vida eterna; pero el que rehúsa creer en el Hijo no verá la vida, sino que la ira de Dios está sobre él».*

Puedes hacerle al interesado la siguiente pregunta: «¿A quién dice este versículo que pertenece la vida eterna?». Verá que es a los que creen en el Hijo. Luego pregúntale: «¿Tú crees en el Hijo?». Y lo más natural será que responda: «Sí». Entonces pregúntale: «¿Qué tienes entonces?». Y, al poco rato, te responderá: «Vida eterna».

Anímalo a decir en voz alta: «Tengo vida eterna» y pídele que se arrodille y le dé gracias a Dios por haberle dado ese regalo.

Otros pasajes útiles incluyen:

- *Juan 5:24, «De cierto, de cierto os digo: El que oye mi palabra y cree al que me envió, tiene vida eterna; y no vendrá a condenación, mas ha pasado de muerte a vida».*

- *1 Juan 5:12, «El que tiene al Hijo, tiene la vida; el que no tiene al Hijo de Dios, no tiene la vida».*

- *Hechos 13:39, «Y que de todo aquello de que por la ley de Moisés no pudisteis ser justificados, en Él es justificado todo aquel que cree».*

Cuando uses Hechos 13:39, puedes preguntarle a la persona: «¿Qué dice este versículo sobre todos los que creen?». Cuando responda correctamente: «Que son justificados», anímala a dar gracias a Dios por haberla justificado y a confesar públicamente a Cristo.

El testimonio del Espíritu Santo

Muchas personas luchan con la seguridad de su salvación porque sienten que no tienen el testimonio del Espíritu Santo. Sin embargo, 1 Juan 5:10 nos asegura que el testimonio de la Palabra de Dios es suficiente: *«El que cree en el Hijo de Dios tiene el testimonio en sí mismo; el que no cree a Dios le ha hecho mentiroso, porque no ha creído en el testimonio que Dios ha dado acerca de su Hijo»*.

Si alguien se niega a creer el testimonio de Dios, en la práctica lo está llamando mentiroso. Además, Efesios 1:13 confirma que después de creer en el mensaje de la Palabra, somos sellados con el Espíritu Santo: *«En él también vosotros, habiendo oído la palabra de verdad, el evangelio de vuestra salvación, y habiendo creído en él, fuisteis sellados con el Espíritu Santo de la promesa»*.

El orden natural de la seguridad es el siguiente:

1. **Seguridad de la justificación** – basada en la Palabra de Dios.
2. **Confesión pública de Cristo** – declarar la fe abiertamente.
3. **Testimonio del Espíritu Santo** – confirmando esa fe.

El problema es que muchos quieren invertir ese orden. Buscan tener primero el testimonio del Espíritu antes de confesar a Cristo públicamente. Sin embargo, Jesús enseña en Mateo 10:30-32: *«Pues aun vuestros cabellos están todos contados. Así que, no temáis; más valéis vosotros que muchos pajarillos. A cualquiera, pues, que me confiese delante de los hombres, yo también le confesaré delante de mi Padre que está en los cielos»*.

Por lo tanto, no podemos esperar el testimonio del Espíritu por parte del Padre hasta que Cristo nos haya confesado delante del Padre.

Eso significa que la confesión de Cristo debe venir antes del testimonio del Espíritu.

Seguridad verdadera y falsa

Es fundamental aclarar qué es la fe que salva. Algunas personas dicen que creen, pero en realidad no creen en el sentido bíblico. Esto puede llevar a una falsa seguridad y a una esperanza mal colocada.

- **Juan 1:12** aclara que creer significa recibir a Jesús y entregarse a Él.

- **2 Timoteo 1:12** destaca la importancia de confiar en Cristo.

- **Romanos 10:10** refuerza que la fe es algo del corazón: «Porque con el corazón se cree para justicia, pero con la boca se confiesa para salvación».

Algunas personas que luchan con la seguridad de su fe tal vez estén aferrándose a pecados no confesados o a prácticas dudosas. Es necesario tratar estos asuntos para poder experimentar una seguridad plena. Algunos pasajes útiles incluyen:

- *Juan 8:12, «Otra vez Jesús les habló, diciendo: Yo soy la luz del mundo; el que me sigue, no andará en tinieblas, sino que tendrá la luz de la vida».*

- *Proverbios 28:13, «El que encubre sus pecados no prosperará; mas el que los confiesa y se aparta alcanzará misericordia».*

Cuando el pecado se confiesa y se abandona, y seguimos a Cristo, recibimos perdón, luz y seguridad. A veces, es útil preguntar de forma directa: «¿Hay algún pecado en tu vida que esté inquietando tu conciencia?».

Siempre termina con oración, pidiendo la guía de Dios y que dé seguridad al que busca.

La seguridad de la salvación no se basa en sentimientos, sino en la Palabra de Dios, en la confesión de Cristo y en el testimonio del Espíritu Santo. Quienes luchan con su seguridad necesitan ser guiados con cuidado hacia la verdad, asegurándonos de que realmente hayan depositado su fe en Cristo. Una vez que lo hayan hecho, pueden descansar con confianza en las promesas de la Escritura.

Resumen de puntos clave

1. Podemos saber que tenemos vida eterna (ver 1 Juan 5:13).
2. Solo la fe en Cristo asegura la salvación (ver Juan 3:36, Hechos 13:39).
3. La seguridad sigue un orden correcto: creer, confesar y luego recibir el testimonio del Espíritu (ver Efesios 1:13, Mateo 10:32).
4. Debemos evitar la falsa seguridad: la fe verdadera implica recibir plenamente a Cristo (ver Juan 1:12, Romanos 10:10).
5. El pecado no confesado puede impedir la seguridad: confesarlo y vivir en obediencia trae luz y paz (ver Proverbios 28:13, Juan 8:12).

Anima a quienes luchan con la seguridad de su salvación a confiar en la Palabra de Dios, confesar a Cristo con valentía y caminar en obediencia. La verdadera seguridad vendrá después.

Las consecuencias de apartarse de Dios

Alejarse del Señor no es algo sin consecuencias. Aunque Dios es misericordioso y siempre está dispuesto a recibir al pecador arrepentido, el distanciamiento de Él trae sufrimiento espiritual, emocional y, en ocasiones, incluso físico. La Escritura advierte repetidamente que abandonar al Señor conduce a dificultades, corrección y profundo arrepentimiento.

1. **La pérdida del gozo espiritual**

Jeremías 2:13 declara: «Porque dos males ha hecho mi pueblo: me dejaron a mí, fuente de agua viva, y cavaron para sí cisternas, cisternas rotas que no retienen agua».

Alejarse de Dios es abandonar la fuente de vida y alimento espiritual. El que se desvía suele descubrir que las cosas del mundo, por muy atractivas que parezcan, no llenan el alma. Es como quien deja un manantial puro y abundante por una cisterna rota y vacía... y termina con sed y remordimiento.

2. **La carga del reproche del pecado**

Jeremías 2:19 advierte: «Tu maldad te castigará, y tus rebeldías te condenarán. Sabe, pues, y ve cuán malo y amargo es el haber dejado tú a Jehová tu Dios, y faltar mi temor en ti, dice el Señor, Jehová de los ejércitos».

El pecado trae su propio castigo. Quienes insisten en apartarse de Dios terminan enfrentando las consecuencias: relaciones rotas, conflictos internos y el peso de una conciencia culpable. Los placeres del pecado son breves, pero el sabor amargo que dejan puede durar mucho tiempo.

3. Disciplina y juicio divino

El Señor, en su justicia, no pasa por alto el desvío de su pueblo. Amós 4:11-12 ilustra esta verdad: *«Os trastorné, como cuando Dios trastornó a Sodoma y a Gomorra, y fuisteis como tizón escapado del fuego; mas no os volvisteis a mí, dice Jehová. Por tanto, de esta manera te haré a ti, oh Israel; y porque te he de hacer esto, prepárate para venir al encuentro de tu Dios, oh Israel»*.

Dios permite pruebas y disciplinas para llevar al que se ha alejado al arrepentimiento. Algunos pueden experimentar dificultades severas como consecuencia directa de su rebelión. Esto no es por crueldad, sino por amor divino, así como un padre corrige a su hijo para guiarlo por el camino correcto (ver Hebreos 12:6).

4. El peligro de un corazón endurecido

Uno de los mayores peligros de seguir apartándose es volverse insensible espiritualmente. Proverbios 14:14 advierte: *«De sus caminos será hastiado el necio de corazón; pero el hombre de bien estará contento del suyo»*.

Cuanto más tiempo se persiste en el pecado, más difícil se vuelve regresar. El corazón que resiste una y otra vez el llamado del Señor se enfría y se vuelve indiferente, llegando incluso a justificar el pecado en lugar de arrepentirse. Ese estado es muy peligroso, porque conduce a una separación aún mayor de Dios.

5. La pérdida del favor y la presencia de Dios

1 Reyes 11:9 relata la trágica consecuencia del alejamiento de Salomón: «*Y se enojó Jehová contra Salomón, por cuanto su corazón se había apartado de Jehová Dios de Israel, que se le había aparecido dos veces*».

Ni siquiera el hombre más sabio, que había experimentado la presencia y la bendición de Dios en persona, fue exento de las consecuencias de apartarse. Cuando uno abandona al Señor, pierde su presencia íntima y su guía. Esa pérdida es mucho más grande que cualquier placer temporal que el pecado pueda ofrecer.

El llamado al arrepentimiento y la restauración

Aunque las consecuencias de apartarse de Dios son serias, el Señor, en su infinita misericordia, llama al extraviado a volver. La Escritura está llena de invitaciones al arrepentimiento y ofrece esperanza a quienes se han desviado. Dios no abandona al que se aleja, sino que desea sinceramente su restauración.

1. El ruego del Señor al que se ha alejado

Jeremías 3:12-13 declara: «*Ve y clama estas palabras hacia el norte, y di: Vuélvete, oh Israel, dice Jehová, no haré caer mi ira sobre ti; porque misericordioso soy yo, dice Jehová, no guardaré para siempre el enojo. Reconoce, pues, tu maldad, porque contra Jehová tu Dios has prevaricado, y fornicaste con los extraños debajo de todo árbol frondoso, y no oíste mi voz, dice Jehová*».

Lo primero que Dios pide es que el que se ha alejado reconozca su pecado. No puede haber verdadera restauración sin arrepentimiento genuino. Pero su promesa es segura: Él no mantendrá su enojo para siempre. El Señor no está esperando para condenar, sino para sanar.

2. La disposición de Dios para perdonar

Jeremías 3:22 lo afirma con claridad: *«Convertíos, hijos rebeldes, y sanaré vuestras rebeliones. He aquí, nosotros venimos a ti, porque tú eres Jehová nuestro Dios».*

No importa cuán lejos haya caído alguien, Dios está siempre listo para restaurar. Él no solo acepta el regreso del que se ha alejado, sino que también sana activamente las heridas que ha dejado el extravío. El pecado puede dejar cicatrices, pero la gracia divina es suficiente para limpiar y renovar.

3. El camino de regreso a Dios

Oseas 14:1-4 muestra con claridad el camino hacia la restauración: *«Vuelve, oh Israel, a Jehová tu Dios; porque por tu pecado has caído. Llevad con vosotros palabras, y volved a Jehová, y decidle: Quita toda iniquidad, y acepta el bien, y te ofreceremos la ofrenda de nuestros labios... Yo sanaré su rebelión, los amaré de pura gracia; porque mi ira se apartó de ellos».*

El camino de regreso es simple, pero profundo: confesión, oración y un arrepentimiento sincero. El que se ha alejado debe reconocer su caída, clamar a Dios por misericordia y dejar atrás su rebelión. En respuesta, el Señor promete no solo perdón, sino también un derramamiento de su amor.

4. El amor y la fidelidad inquebrantables de Dios

Isaías 44:22 nos da una de las promesas más hermosas de restauración: *«Yo deshice como una nube tus rebeliones, y como niebla tus pecados; vuélvete a mí, porque yo te redimí».*

Aunque el que se ha alejado se sienta indigno, Dios declara que ya ha hecho provisión para su redención. Su amor no cambia, su gracia no se agota. Él llama a volver, no como extraños, sino como su pueblo redimido.

5. La promesa de una relación renovada

Jeremías 29:11-13 revela el deseo de Dios por reconciliarse con nosotros: *«Porque yo sé los pensamientos que tengo acerca de vosotros, dice Jehová, pensamientos de paz, y no de mal, para daros el fin que esperáis. Entonces me invocaréis, y vendréis y oraréis a mí, y yo os oiré. Y me buscaréis y me hallaréis, porque me buscaréis de todo vuestro corazón».*

Los planes de Dios para quien se ha apartado no han cambiado. Él sigue deseando su paz y su restauración. Pero deben buscarlo de corazón, sin reservas, y regresar con una entrega total.

6. La seguridad del perdón y la limpieza

1 Juan 1:9 nos da la garantía final para todo el que se vuelve a Dios: *«Si confesamos nuestros pecados, él es fiel y justo para perdonar nuestros pecados, y limpiarnos de toda maldad».*

El que se ha alejado no necesita cargar con el peso de sus fracasos pasados. En el momento en que se arrepiente sinceramente, Dios perdona y limpia, quitando toda mancha de injusticia.

Un llamado final

El llamado del Señor es claro: el que se ha alejado debe volver. Las consecuencias de permanecer en el pecado son graves, pero la misericordia de Dios es aún mayor. No importa cuán lejos hayas vagado, el camino de regreso está abierto.

Que nadie retrase su respuesta a este llamado, porque como advierte Amós 4:12: *«Prepárate para venir al encuentro de tu Dios, oh Israel»*.

Hoy es el día de arrepentirse. Hoy es el día de ser restaurado. Que el que se ha apartado vuelva, y encontrará los brazos del Salvador abiertos de par en par, listos para recibirlo una vez más.

Ilustraciones de personas que se apartaron y regresaron al Señor

A lo largo de la Biblia vemos ejemplos poderosos de personas que se alejaron de Dios, pero que encontraron restauración a través del arrepentimiento. Estos relatos son un aliento para todo aquel que se ha apartado, y demuestran que no importa cuán lejos haya caído alguien: el Señor siempre está dispuesto a recibirlo con misericordia y amor.

Pastora Dra. Claudine Benjamin

1. Pedro: restaurado después de negar a Jesús

Marcos 16:7 registra un momento extraordinario tras la resurrección de Cristo: *«Pero id, decid a sus discípulos, y a Pedro, que él va delante de vosotros a Galilea; allí le veréis, como os dijo».*

Pedro, quien alguna vez había declarado con valentía su lealtad inquebrantable a Jesús, lo negó tres veces cuando sintió la presión (ver Lucas 22:54-62). Abrumado por la tristeza, Pedro lloró amargamente al darse cuenta de la gravedad de su traición. Sin embargo, el mensaje del ángel lo menciona por nombre, asegurándole que Jesús no lo había rechazado. Más adelante, Cristo mismo lo restauró y reafirmó su llamado (ver Juan 21:15-19).

Este ejemplo demuestra que ni siquiera un gran fracaso nos descalifica de la gracia de Dios. No importa cuán profundo haya sido el alejamiento, el Señor llama con amor a sus hijos para que regresen.

2. Israel: restaurado después de buscar al Señor

2 Crónicas 15:4 da testimonio de la fidelidad de Dios: *«Pero cuando en su tribulación se convirtieron a Jehová Dios de Israel, y le buscaron, él fue hallado de ellos».*

Una y otra vez, Israel se apartó de Dios, cayó en angustia y luego clamó por liberación. Y cada vez que volvían a Él con sinceridad, Dios se dejaba encontrar.

Esto se ilustra aún más en 2 Crónicas 15:12-15, donde el pueblo hizo un pacto solemne para buscar al Señor con todo su corazón. Como resultado, Dios les concedió paz y seguridad. Este pasaje resalta el paso esencial que todo el que se ha alejado debe dar: una confesión humilde y un regreso sincero al Señor.

3. El hijo pródigo: un retrato de la misericordia de Dios

Quizá la ilustración más poderosa del amor de Dios por el que se arrepiente está en Lucas 15:11-24, la Parábola del Hijo Pródigo.

Un joven, ansioso por su independencia, exige su herencia y la despilfarra en una vida desenfrenada. Cuando llega el hambre, se queda sin nada y se ve obligado a alimentar cerdos, lo cual representa una gran deshonra para un judío. En su momento más bajo, reconoce la bondad de su padre y decide regresar, admitiendo que no merece ser llamado hijo.

Pero antes de que siquiera llegue a casa, su padre lo ve desde lejos, corre a su encuentro, lo abraza y lo restaura por completo, celebrando con gozo su regreso.

Esta parábola muestra no solo los pasos del arrepentimiento, que son reconocer el pecado, regresar y confesar, sino también la asombrosa bienvenida que recibe quien se arrepiente. El padre no dudó ni lo reprendió; al contrario, lo vistió, lo alimentó y celebró su regreso con una fiesta.

De la misma manera, Dios está ansioso por restaurar a todo aquel que regrese con humildad.

Los pasos hacia la restauración

La Escritura muestra con claridad el proceso por el cual alguien que se ha apartado puede volver y ser restaurado al favor de Dios.

Pastora Dra. Claudine Benjamin

1. Confesión de pecado

«Si confesamos nuestros pecados, él es fiel y justo para perdonar nuestros pecados, y limpiarnos de toda maldad». (1 Juan 1:9)

Quien se ha alejado debe reconocer su falta delante de Dios. El arrepentimiento verdadero requiere humildad y honestidad.

2. Abandonar el pecado

«Vuélvete, oh Israel, dice Jehová, no haré caer mi ira sobre ti; porque misericordioso soy yo, dice Jehová, no guardaré para siempre el enojo. Reconoce, pues, tu maldad...». (Jeremías 3:12-13)

El arrepentimiento no es solo sentirse mal, sino apartarse del camino pecaminoso y volver completamente a Dios.

3. Buscar al Señor de todo corazón

«Y se alegró todo Judá del juramento; porque de todo su corazón lo juraban, y de toda su voluntad lo buscaban, y fue hallado de ellos; y Jehová les dio paz por todas partes». (2 Crónicas 15:15)

Dios no acepta un arrepentimiento a medias. El que se ha apartado debe buscarlo con entrega total, rindiéndose por completo.

4. Descansar en el perdón de Dios

«Yo deshice como una nube tus rebeliones, y como niebla tus pecados; vuélvete a mí, porque yo te redimí». (Isaías 44:22)

El enemigo puede intentar cargar de culpa al que se arrepiente, pero Dios asegura un perdón completo. Cuando uno regresa, es totalmente restaurado por Su gracia.

Prevenir futuras recaídas

La restauración no es el final del camino. Quien ha regresado al Señor debe ahora fortalecerse en la fe para no volver a caer. La Escritura ofrece una guía clara para mantener una vida firme con Dios.

1. **Permanecer en la Palabra de Dios**

«En mi corazón he guardado tus dichos, para no pecar contra ti». (Salmo 119:11)

Meditar con regularidad en las Escrituras fortalece al creyente y lo equipa contra la tentación y el engaño. Un compromiso diario con la Palabra de Dios garantiza alimento espiritual y estabilidad.

2. **Mantener una vida de oración sólida**

«Velad y orad, para que no entréis en tentación; el espíritu a la verdad está dispuesto, pero la carne es débil». (Mateo 26:41)

La oración profundiza la relación con Dios y mantiene el corazón alerta contra el decaimiento espiritual. Una vida de oración constante fomenta la dependencia del Señor y la sensibilidad a Su dirección.

3. Mantente en comunión con otros creyentes

«No dejando de congregarnos, como algunos tienen por costumbre, sino exhortándonos; y tanto más, cuanto veis que aquel día se acerca». (Hebreos 10:25)

El aislamiento debilita la fe, mientras que la comunión con otros creyentes brinda ánimo y responsabilidad. Quien se ha apartado necesita mantenerse conectado al cuerpo de Cristo para crecer y fortalecerse.

4. Camina en obediencia al Espíritu

«Digo, pues: Andad en el Espíritu, y no satisfagáis los deseos de la carne». (Gálatas 5:16)

Vivir en sumisión al Espíritu Santo capacita al creyente para resistir el pecado y buscar la justicia. Es por medio de su guía que uno puede mantener una vida en victoria.

Los ejemplos de Pedro, Israel y el hijo pródigo revelan la profunda misericordia de Dios hacia los que se han apartado. No importa cuán lejos haya llegado alguien, la restauración siempre es posible mediante un arrepentimiento sincero. Pero volver a Dios es solo el comienzo, permanecer fiel requiere una dependencia diaria de Él.

Para todo el que se ha alejado, el mensaje es claro: Dios aún te llama, te ama y desea restaurarte por completo. Vuelve a Él hoy, y te recibirá con los brazos abiertos.

Capítulo 16

Poder para ganar almas

Una condición esencial para ganar almas con éxito es contar con el poder del Espíritu Santo. En Hechos 1:5, Jesús dijo: *«Porque Juan ciertamente bautizó con agua, mas vosotros seréis bautizados con el Espíritu Santo dentro de no muchos días».* De manera similar, en Lucas 24:49 instruyó a sus discípulos: *«He aquí, yo enviaré la promesa de mi Padre sobre vosotros; pero quedaos vosotros en la ciudad de Jerusalén, hasta que seáis investidos de poder desde lo alto».*

En estos pasajes encontramos tres expresiones clave: *bautizados con el Espíritu Santo, investidos de poder desde lo alto* y *llenos del Espíritu Santo.* Al comparar cuidadosamente estas y otras escrituras relacionadas, vemos que todas describen una misma realidad espiritual: un paso absolutamente necesario para que el servicio en el reino de Cristo sea aceptable y eficaz.

El bautismo del Espíritu Santo: una experiencia distinta

Ser llenos del Espíritu Santo es una experiencia definida y distinta. Un creyente sabe si ha recibido o no al Espíritu Santo. Jesús mandó a Sus discípulos que esperaran en Jerusalén hasta recibir poder desde lo alto (ver Lucas 24:49). Si esta experiencia fuera vaga o incierta, los discípulos no habrían sabido si habían obedecido el mandato de Cristo.

Además, el bautismo del Espíritu Santo es distinto de Su obra regeneradora. En Hechos 1:5, Jesús les dijo a Sus discípulos que serían bautizados con el Espíritu Santo dentro de pocos días. Y en Hechos 8:15-16 leemos acerca de creyentes que ya habían aceptado a Cristo y habían sido bautizados en agua, pero aún no habían recibido al Espíritu Santo: «Los cuales, habiendo venido, oraron por ellos para que recibiesen el Espíritu Santo; porque aún no había descendido sobre ninguno de ellos, sino que solamente habían sido bautizados en el nombre de Jesús».

Otra vez, en Hechos 19:1-6, Pablo encontró a unos discípulos en Éfeso que habían creído, pero no habían recibido al Espíritu Santo. Cuando Pablo impuso sus manos sobre ellos, el Espíritu Santo vino sobre ellos, y comenzaron a hablar en lenguas y a profetizar.

Regeneración versus el bautismo del Espíritu Santo

Un creyente puede ser regenerado por el Espíritu Santo sin haber sido bautizado en el Espíritu Santo. Ese creyente es salvo, pero aún no está equipado para el servicio. Aunque todo creyente tiene al Espíritu morando en él (ver Romanos 8:9), no todos han recibido el bautismo del Espíritu Santo.

En Hechos 8:12-16, los creyentes en Samaria habían aceptado el evangelio y fueron bautizados en agua, pero todavía no habían recibido al Espíritu Santo. Los apóstoles enviaron a Pedro y a Juan para orar por ellos, a fin de que recibieran este bautismo esencial.

Esto demuestra que el bautismo en el Espíritu Santo está disponible para todos los que han nacido de nuevo.

El propósito del bautismo del Espíritu Santo

El bautismo del Espíritu Santo está siempre relacionado con el testimonio y el servicio. 1 Corintios 12:13-14 dice: *«Porque por un solo Espíritu fuimos todos bautizados en un cuerpo, sean judíos o griegos, sean esclavos o libres; y a todos se nos dio a beber de un mismo Espíritu. Además, el cuerpo no es un solo miembro, sino muchos»*.

Este bautismo no tiene como propósito principal la purificación personal del pecado. Algunos creen erróneamente que recibir al Espíritu Santo elimina por completo la naturaleza carnal, pero no hay ninguna escritura que respalde esa idea. En cambio, el bautismo del Espíritu Santo capacita a los creyentes con poder para el ministerio y el servicio. Aunque a menudo conduce a una mayor entrega espiritual, su propósito principal es dar poder para ser testigos eficaces.

Manifestaciones del bautismo del Espíritu Santo

Para comprender mejor el bautismo del Espíritu Santo, debemos examinar sus manifestaciones tal como se registran en las Escrituras. 1 Corintios 12:4-11 describe la diversidad de dones espirituales dados por el Espíritu Santo: *«Ahora bien, hay diversidad de dones, pero el Espíritu es el mismo... Porque a uno le es dada por el Espíritu palabra de sabiduría; a otro, palabra de ciencia... a otro, fe... a otro, dones de sanidades... a otro, el hacer milagros... a otro, profecía... a otro, discernimiento de espíritus... a otro, diversos géneros de lenguas... Pero todas estas cosas las hace uno y el mismo Espíritu, repartiendo a cada uno en particular como él quiere».*

Los resultados del bautismo del Espíritu Santo no son idénticos para cada creyente. No todos se convertirán en evangelistas o maestros; se imparten diferentes dones según el llamado de Dios. Algunos reciben el don de enseñar, otros el don de sanidad y otros el don de ayudar (ver 1 Corintios 12:7-11).

Desafortunadamente, muchos no reconocen esta verdad, lo que lleva a dudas y decepciones innecesarias. En lugar de buscar un don específico, los creyentes deben someterse a la dirección del Espíritu Santo y permitir que Él determine su función en el servicio a Dios.

El poder y la valentía del Espíritu Santo

El bautismo del Espíritu Santo da poder para el servicio al que Dios llama a cada creyente. También otorga valentía para testificar y ministrar. En Hechos 4:29-31, leemos cómo los primeros creyentes oraron pidiendo valentía, y el Espíritu Santo los llenó, capacitándolos para proclamar la Palabra de Dios con valor.

Compara la transformación de Pedro antes y después de recibir al Espíritu Santo. En Marcos 14:66-72, negó a Jesús tres veces por miedo. Pero después de Pentecostés, en Hechos 2, ese mismo Pedro predicó con valentía y miles fueron salvos.

Tal vez tú deseas hablar de Cristo, pero luchas con el miedo o la timidez. Si recibes el bautismo del Espíritu Santo, verás cómo desaparecen todas tus dudas y temores.

Definiendo el bautismo del Espíritu Santo

El bautismo del Espíritu Santo es cuando el Espíritu de Dios cae sobre un creyente, toma control de sus facultades y le concede dones espirituales que lo capacitan para el servicio divino. No es simplemente una experiencia emocional, sino una capacitación sobrenatural para el ministerio.

¿Quién necesita el bautismo del Espíritu Santo?

En Lucas 24:49, Jesús ordenó a sus discípulos que permanecieran en Jerusalén hasta ser llenos con poder de lo alto. Estos hombres fueron testigos presenciales de la vida, muerte y resurrección de Jesús. Habían sido entrenados personalmente por el Señor durante más de tres años. Sin embargo, a pesar de todo su conocimiento y experiencia, Jesús no les permitió comenzar su ministerio hasta que fueran bautizados con el Espíritu Santo.

Si estos discípulos tan preparados tuvieron que esperar el poder del Espíritu Santo antes de ministrar, ¡cuánto más lo necesitamos tú y yo hoy en día! Incluso Jesús no comenzó su ministerio público hasta ser ungido con el Espíritu Santo y poder (ver Hechos 10:38).

El bautismo del Espíritu Santo es una preparación esencial para el servicio cristiano. Tratar de servir a Cristo sin esta unción es un acto de presunción y una señal de desconocimiento de los requisitos de Dios.

Pastora Dra. Claudine Benjamin

La promesa del Espíritu Santo es para todos los creyentes

Es privilegio de todo creyente recibir el bautismo del Espíritu Santo. Como declara Hechos 2:39: *«Porque para vosotros es la promesa, y para vuestros hijos, y para todos los que están lejos; para cuantos el Señor nuestro Dios llamare»*.

Esta promesa es para cada generación de creyentes. Si no hemos recibido el bautismo del Espíritu Santo, no es porque Dios lo haya retenido, sino porque no lo hemos buscado con sinceridad. Cada creyente es responsable delante de Dios por la obra que podría haber realizado si hubiese recibido este poder divino.

Que todos busquemos la plenitud del Espíritu Santo, para estar capacitados y cumplir con la gran comisión, llevando almas al reino de Dios con poder y valentía.

Capítulo 17

†

Los indiferentes

En la labor de la evangelización, es frecuente encontrarse con personas que son indiferentes al evangelio. No necesariamente son hostiles hacia el cristianismo, pero sí muestran una preocupante falta de interés por su condición espiritual. A menudo están absorbidas por las distracciones de la vida, muestran escepticismo hacia la fe o simplemente no quieren reflexionar seriamente sobre asuntos eternos.

Tratar con personas indiferentes requiere paciencia, sabiduría y la guía del Espíritu Santo. El objetivo es despertar su conciencia respecto al pecado, señalarles a Cristo y advertirles sobre las graves consecuencias de permanecer indiferentes a la verdad. Hay varias formas efectivas de llegar a este tipo de personas.

Mostrarles su necesidad de un Salvador

Una de las formas más eficaces de tratar con alguien indiferente es hacerle ver su necesidad de salvación. Muchas personas creen que por llevar una vida «más o menos moral», no necesitan un Salvador. Sin embargo, la Biblia es clara al respecto: todos hemos pecado y estamos lejos del estándar de Dios. Romanos 3:23 dice: *«Por cuanto todos pecaron, y están destituidos de la gloria de Dios».*

Este versículo elimina cualquier ilusión de autosuficiencia moral. Nadie está exento. Todos hemos pecado en pensamiento, palabra u obra. Incluso aquellos que se consideran «buenas personas» son culpables ante un Dios santo.

Otro versículo poderoso que puedes utilizar es **Isaías 53:6**: *«Todos nosotros nos descarriamos como ovejas, cada cual se apartó por su camino; mas el Señor cargó en Él el pecado de todos nosotros».*

Una estrategia eficaz al usar este versículo es **preguntar directamente a la persona: «¿Quiénes se han descarriado?»**. Si responde con sinceridad, tendrá que admitir que **ella también se ha apartado de Dios**. Guiarla a este reconocimiento es un paso importante para vencer la indiferencia.

Confrontar la falta de amor por Dios

Una razón común de la indiferencia hacia el evangelio es la falta de amor por Dios. Muchas personas afirman respetar a Dios, pero viven sus vidas sin una verdadera devoción hacia Él. Jesús abordó este tema en Mateo 22:37-38 cuando declaró: *«Amarás al Señor tu Dios con todo tu corazón, y con toda tu alma, y con toda tu mente. Este es el primero y grande mandamiento».*

Cuando una persona indiferente escucha este versículo, puede darse cuenta de que su corazón está lejos de Dios. Hacerle preguntas sencillas como «¿Amas a Dios con todo tu corazón?» o «¿Procuras honrarlo en tu vida diaria?» puede poner al descubierto su complacencia espiritual.

La urgencia de ganar almas

Además, Isaías 57:21 advierte: *«No hay paz, dijo mi Dios, para los impíos»*.

Muchas personas indiferentes suponen que están seguras porque no sienten una urgencia inmediata. Pero este versículo revela la verdad: sin Dios, no hay paz verdadera. Aunque ignoren los asuntos espirituales, su alma sigue en peligro.

Señalarles las consecuencias del pecado

Una de las realidades más impactantes de las Escrituras es la advertencia de que el pecado conlleva consecuencias graves. Muchas personas indiferentes no se toman esto en serio, creyendo que Dios pasará por alto su complacencia. Sin embargo, la Biblia es clara al afirmar que quienes ignoren el evangelio enfrentarán juicio.

Un pasaje particularmente contundente es 2 Tesalonicenses 1:7-9: *«Y a vosotros que sois atribulados, daros reposo con nosotros, cuando se manifieste el Señor Jesús desde el cielo con los ángeles de su poder, en llama de fuego, para dar retribución a los que no conocieron a Dios, ni obedecen al evangelio de nuestro Señor Jesucristo; los cuales sufrirán pena de eterna perdición, excluidos de la presencia del Señor y de la gloria de su poder»*.

Este pasaje no deja lugar a dudas: quienes permanezcan indiferentes a Cristo un día comparecerán ante Él como Juez. La pena por rechazarlo es la destrucción eterna, una separación perpetua de su presencia.

De igual manera, Apocalipsis 20:15 dice: *«Y el que no se halló inscrito en el libro de la vida fue lanzado al lago de fuego»*.

Pastora Dra. Claudine Benjamin

Estas advertencias deben leerse con profunda seriedad. El objetivo no es provocar miedo por sí mismo, sino despertar al oyente ante la gravedad de su condición.

Demostrar el sacrificio de Cristo

Aunque es fundamental advertir a los indiferentes sobre el juicio, también lo es mostrarles el amor de Cristo. Muchas personas permanecen indiferentes simplemente porque no comprenden de verdad lo que Jesús hizo por ellas.

Isaías 53:5-6 es un pasaje poderoso que revela la profundidad del sufrimiento de Cristo por la humanidad: *«Mas él herido fue por nuestras rebeliones, molido por nuestros pecados; el castigo de nuestra paz fue sobre él, y por su llaga fuimos nosotros curados. Todos nosotros nos descarriamos como ovejas, cada cual se apartó por su camino; mas el Señor cargó en él el pecado de todos nosotros»*.

Al compartir este pasaje, subraya que Cristo no sufrió por sus propios pecados, sufrió por los nuestros. Fue golpeado, humillado y crucificado para que pudiéramos ser redimidos. Una persona que sigue indiferente tras oír esto aún no ha comprendido la magnitud del sacrificio de Cristo.

Otro pasaje contundente es Hebreos 10:28-29: *«El que viola la ley de Moisés, por el testimonio de dos o de tres testigos muere irremisiblemente. ¿Cuánto mayor castigo pensáis que merecerá el que pisoteare al Hijo de Dios, y tuviere por inmunda la sangre del pacto en la cual fue santificado, e hiciere afrenta al Espíritu de gracia?»*.

Este versículo demuestra que rechazar a Cristo no es un asunto menor: es el mayor pecado.

Juan 3:18-19 refuerza esta verdad: *«El que en él cree, no es condenado; pero el que no cree, ya ha sido condenado, porque no ha creído en el nombre del unigénito Hijo de Dios. Y esta es la condenación: que la luz vino al mundo, y los hombres amaron más las tinieblas que la luz, porque sus obras eran malas».*

Una persona indiferente puede no verse a sí misma como malvada, pero este pasaje deja claro que rechazar a Cristo es un acto de rebelión contra la luz.

Confiar en el poder de Dios

No todo el mundo estará dispuesto a hablar sobre su estado espiritual. Algunos se resistirán o evitarán por completo ese tipo de conversaciones. Cuando eso ocurra, es fundamental confiar en el poder de Dios en lugar de depender de los esfuerzos humanos.

Si alguien no quiere escuchar, lo único que puedes hacer es buscar la guía de Dios. Ora con sinceridad para que el Espíritu de Dios trabaje en su corazón, lo convenza de pecado y lo acerque a la verdad.

Los versículos mencionados anteriormente pueden usarse con eficacia para quienes se muestran indiferentes o despreocupados. Sin embargo, en última instancia, es el Espíritu Santo quien ablanda los corazones y trae convicción. A través de la paciencia, la oración y la confianza en la Palabra de Dios, incluso el alma más indiferente puede despertar a la verdad de la salvación.

Capítulo 18

†

La Gran Comisión

La Misión de Jesús y la Gran Comisión

Jesús fue enviado por el Padre con una misión divina. Él declaró esta verdad abiertamente a lo largo de Su ministerio: *«Porque no envió Dios a su Hijo al mundo para condenar al mundo, sino para que el mundo sea salvo por él»*. (Juan 03:17)

«De cierto, de cierto os digo: El que oye mi palabra y cree al que me envió, tiene vida eterna; y no vendrá a condenación, sino que ha pasado de muerte a vida». (Juan 05:24)

Otros pasajes también confirman esta misión (véase Juan 5:36; 6:38-40, 57; 7:28-29; 17:3). Pero el hecho de que haya sido enviado plantea una pregunta fundamental: ¿Por qué fue enviado Jesús?

El mismo Jesús lo respondió: *«Mi comida es que haga la voluntad del que me envió, y que acabe su obra»*. (Juan 4:34, RVR1960)

¿Cuál es la obra del Padre?

Para entender la obra del Padre, debemos distinguir entre dos términos clave en el Evangelio de Juan: «obra» y «obras».

- «Obras» se refiere a los actos individuales de Jesús, sus sanidades, milagros y otros hechos sobrenaturales.
- «Obra» se refiere al propósito final por el cual fue enviado, la misión de salvación.

Cuando Jesús dijo que vino a terminar la obra del Padre (ver Juan 4:34), hablaba de su misión divina de redimir a la humanidad. Esta obra se completó en la cruz, cuando declaró: «*¡Consumado es!*». (ver Juan 19:30)

La única comisión

Antes de su dramática ascensión al cielo, Jesús confió su misión a los discípulos, no una, sino cinco veces:

- *«Por tanto, id, y haced discípulos a todas las naciones, bautizándolos en el nombre del Padre, y del Hijo, y del Espíritu Santo; enseñándoles que guarden todas las cosas que os he mandado; y he aquí yo estoy con vosotros todos los días, hasta el fin del mundo. Amén».* (Mateo 28:19-20)
- *«Id por todo el mundo y predicad el evangelio a toda criatura».* (Marcos 16:15)
- *El arrepentimiento y el perdón de los pecados debían predicarse en su nombre a todas las naciones.* (ver Lucas 24:46-48)
- *«Entonces Jesús les dijo otra vez: Paz a vosotros. Como me envió el Padre, así también yo os envío».* (Juan 20:21)

- *«Pero recibiréis poder, cuando haya venido sobre vosotros el Espíritu Santo, y me seréis testigos en Jerusalén, en toda Judea, en Samaria, y hasta lo último de la tierra».* (Hechos 1:8)

Aunque solemos llamarla la Gran Comisión, en realidad es la Única Comisión.

La gente está muriendo. El mandato divino fue firmado con sangre, la que caía del rostro de Cristo en Getsemaní, la que corría por su frente herida de espinas en el pretorio de Pilato, y la que brotaba de su costado traspasado en el Calvario. El mandato del Gran Médico del mundo sigue siendo el mismo: «Ve. Predica. Bautiza. Haz discípulos. Enseña».

Más allá de la salvación: La misión completa de la iglesia

Aunque salvar almas es la prioridad urgente de la Gran Comisión, la misión no termina en la conversión. El mandato de Jesús de «hacer discípulos de todas las naciones» va más allá del momento de la salvación. La iglesia debe dedicarse a bautizar, discipular y acompañar a los creyentes en su madurez espiritual.

El discipulado es un proceso de toda la vida. La misión de la iglesia no termina cuando un pecador se arrepiente, continúa en los días, semanas, meses y años que siguen. Si la iglesia no discipula, deja a los recién nacidos espirituales vulnerables al mismo mundo del que fueron rescatados.

Nuestra misión debe ser tan enfocada y apasionada como la de un equipo médico altamente capacitado. Pastores, voluntarios, administradores, maestros, evangelistas y teólogos deben comprender que sus funciones solo tienen un valor eterno si están alineadas con la misión de Cristo.

¿De qué sirve la iglesia sin una misión?

Sin misión, lo único que tenemos es:

- **Un medio sin un fin.**
- **Un viaje sin destino.**
- **Acción sin dirección.**
- **Movimiento sin sentido.**

10 razones por las que la Iglesia debe priorizar la Gran Comisión

En este momento crucial de la historia, la Iglesia debe comprometerse plenamente con su mandato misional. Cualquiera de las siguientes razones, por sí sola, bastaría para impulsarnos a la acción; pero juntas, deberían encender una pasión inquebrantable.

1. **El juicio de los creyentes**

Pablo dio un recordatorio serio a la iglesia de Corinto: *«Por tanto procuramos también, o ausentes o presentes, serle agradables. Porque es necesario que todos nosotros comparezcamos ante el tribunal de Cristo, para que cada uno reciba según lo que haya hecho mientras estaba en el cuerpo, sea bueno o sea malo. Conociendo, pues, el temor del Señor, persuadimos a los hombres; pero a Dios le es manifiesto lo que somos, y espero que también lo sea a vuestras conciencias».* (2 Corintios 5:9-11)

El tribunal de Cristo no es para los incrédulos, sino para los creyentes. Es allí donde nuestras obras serán evaluadas y nuestra fidelidad será medida. ¿Qué será lo que importe en ese día? No nuestros títulos, logros ni estatus terrenal, sino nuestra obediencia a la misión de Cristo.

Más razones vendrán después, pero esta por sí sola debería conmovernos profundamente.

¿Hemos obedecido la Gran Comisión?

A veces, los creyentes parecen olvidar que también nosotros compareceremos ante el tribunal de Cristo. El apóstol Pablo habló del «temor del Señor» (véase 2 Corintios 5:11). En Apocalipsis 1:14-15, Juan contempló al Hijo del Hombre glorificado y describió sus ojos «como llama de fuego» y sus pies «semejantes al bronce bruñido, refulgente como en un horno». Abrumado por esta visión, Juan declaró en Apocalipsis 1:17: «Cuando le vi, caí como muerto a sus pies».

Las palabras de Pablo son un recordatorio contundente: *«Porque es necesario que todos nosotros comparezcamos ante el tribunal de Cristo»* (2 Corintios 5:10). Este juicio no será para determinar nuestro destino eterno—eso quedó resuelto cuando nos arrepentimos de nuestros pecados y recibimos a Jesucristo como Señor. Reconocimos, como Isaías, que *«todos nosotros somos como suciedad, y todas nuestras justicias como trapo de inmundicia»* (Isaías 64:6a). Aceptamos el sacrificio de Cristo como expiación por nuestros pecados, creyendo que *«al que no conoció pecado, por nosotros lo hizo pecado, para que nosotros fuésemos hechos justicia de Dios en él»*. (2 Corintios 5:21)

Pastora Dra. Claudine Benjamin

Nuestra fe en Cristo asegura nuestra eternidad. Sin embargo, el juicio de los creyentes es una razón poderosa para mantenernos enfocados en la verdadera misión de la iglesia. No debemos distraernos con cuestiones secundarias, ya sea el tipo de vestimenta que usamos o las estructuras externas de nuestro «sistema de atención espiritual». Debemos afinar nuestra visión para alcanzar a los perdidos y hacer discípulos.

No hay nada intrínsecamente malo en congregaciones numerosas, templos bien acondicionados o sermones bien elaborados. Estos pueden ser un reflejo natural del deseo de hacer las cosas con excelencia. Pero si llegan a convertirse en el motivo principal de la existencia de la iglesia, y si los pastores dirigen y los creyentes sirven únicamente por eso, entonces, en el tribunal de Cristo, gran parte de su obra se revelará como madera, heno y hojarasca, y será consumida por el fuego. (véase 1 Corintios *3:12-15)*

La iglesia nunca debe perder de vista su mayor prioridad: la salvación de las almas y el discipulado de los creyentes.

2. El infierno eterno

Una pregunta podría hacerse hoy en muchas iglesias: ¿Qué pasó con el infierno? ¿Es el infierno real? ¿La Biblia dice lo que realmente quiere decir? ¿La gente va de verdad allí?

Jesús habló claramente sobre el infierno: *«Mas os digo, amigos míos: No temáis a los que matan el cuerpo y después nada más pueden hacer. Pero os enseñaré a quién debéis temer: Temed a aquel que, después de haber quitado la vida, tiene poder de echar en el infierno; sí, os digo, a este temed».* (Lucas 12:4–5)

La urgencia de ganar almas

Jesús habló sobre el infierno más que ninguna otra persona en la Escritura. Su deseo apasionado de salvar a los perdidos del tormento eterno es evidente en todos los Evangelios. Algunos argumentan que la historia que Jesús contó en Lucas 16 es «simplemente una parábola», pero el texto sugiere lo contrario. Jesús comienza con las palabras: «Había un hombre rico». Esta frase indica claramente que estaba describiendo a una persona real. La historia debe contarse: *«Y en el Hades alzó sus ojos, estando en tormentos, y vio de lejos a Abraham, y a Lázaro en su seno»*. (Lucas 16:23).

La realidad del infierno es una razón poderosa para que la iglesia mantenga su enfoque en la misión. Jesús describió el infierno como un lugar espantoso: *«Entonces dirá también a los de la izquierda: Apartaos de mí, malditos, al fuego eterno preparado para el diablo y sus ángeles»*. (Mateo 25:41)

Que Dios conceda a nuestra generación una revelación fresca de la realidad del infierno. Que no retrocedamos por miedo a ser etiquetados como políticamente incorrectos, sino que proclamemos la verdad sobre los tormentos del infierno del diablo.

Solo la iglesia tiene el mensaje que puede rescatar a las personas de este destino. Debemos predicar el evangelio con valentía, porque solo él ofrece una vía de escape. El infierno no es un lugar al que alguien esté predestinado a ir, la salvación por medio de Cristo está disponible para todos. Pero la verdad sobre el infierno debe decirse, porque solo a la luz de esa verdad podemos comprender plenamente la urgencia del evangelio.

3. Personas perdidas

Algunos se refieren a Lucas 15 como «el capítulo de lo perdido». Yo prefiero llamarlo «el capítulo de lo encontrado». Pero quizás la descripción más precisa sea «el capítulo de lo perdido y encontrado».

Los fariseos y los escribas murmuraban porque Jesús comía con pecadores, algo que ellos jamás se habrían atrevido a hacer. En respuesta, Jesús contó tres historias. La primera se presenta explícitamente como una parábola, mientras que las otras dos se relatan como hechos históricos. Se conocen comúnmente como las parábolas de la oveja perdida, la moneda y el hijo perdidos. Pero en las tres, lo perdido fue hallado, y quienes lo presenciaron se llenaron de gozo. Cuando lo perdido se encuentra, siempre hay transformación.

El Dr. Gene Rice preguntó una vez: «¿Puede haber algo peor que estar perdido?» Su respuesta: «¡Sí! Estar perdido y que nadie te esté buscando». Yo añadiría: no solo cuando nadie te busca, sino cuando a nadie le importa. Las personas perdidas le importan a Jesús.

Uno de los temas más impactantes de Lucas 15 es el gozo desbordante cuando se encuentra a lo perdido. Cada historia concluye con una celebración. El cielo mismo se regocija cuando un pecador se arrepiente. Bill Hybels lo expresó así: «Cuando un pecador es salvo, el cielo organiza una fiesta». Solo ese gozo debería impulsarnos a cumplir el mandato misional de la iglesia. Pero cuando la iglesia pierde el enfoque en buscar a los perdidos, también pierde su alegría.

Por otro lado, la historia y los testimonios confirman que el gozo más grande en la iglesia ocurre cuando las almas perdidas vienen a Cristo. Así como el nacimiento de un niño llena de emoción a una familia terrenal, el nuevo nacimiento de un alma provoca un gran regocijo en la familia de la fe. Que el gozo de hallar a los perdidos (la oveja perdida, la moneda perdida, el hijo perdido) renueve nuestra pasión por la misión.

Jesús comparó la misión de la iglesia con la siega de un campo: *«He aquí os digo: Alzad vuestros ojos y mirad los campos, porque ya están blancos para la siega».* (Juan 4:35b)

La cosecha no se mide por el grano almacenado en el granero, sino por el trigo que aún permanece en el campo. No hay una segunda oportunidad para cosechar lo que ya está maduro. Sin embargo, con demasiada frecuencia nos enfocamos en el granero en lugar del campo. Y mientras esperamos, el grano se pudre.

Que el Espíritu del Señor despierte a la iglesia para que salga, siegue y conserve la cosecha.

4. La prioridad pentecostal

Antes de ascender al cielo, Jesús dijo claramente a sus discípulos: *«Porque Juan ciertamente bautizó con agua, mas vosotros seréis bautizados con el Espíritu Santo dentro de no muchos días».* (Hechos 1:5)

Luego declaró: *«Pero recibiréis poder, cuando haya venido sobre vosotros el Espíritu Santo, y me seréis testigos en Jerusalén, en toda Judea, en Samaria, y hasta lo último de la tierra».* (Hechos 1:8)

Pastora Dra. Claudine Benjamin

Algunos pentecostales ponen énfasis en el hablar en lenguas como la prioridad de Pentecostés. La Iglesia de Dios y la mayoría de los movimientos pentecostales tradicionales enseñan correctamente que el hablar en lenguas es la evidencia inicial del bautismo en el Espíritu Santo. Sin embargo, la verdadera prioridad de Pentecostés es la que Jesús mismo subrayó: *«Recibiréis poder. Seréis mis testigos»*.

El don de Pentecostés es poder. La prueba del poder es el testimonio. Y la persona del testimonio es Jesucristo el Señor.

El poder del Espíritu Santo se da para que cada creyente sea un testigo—un testimonio vivo de que Jesús de Nazaret es el Hijo de Dios, que murió en la cruz para el perdón de los pecados y la salvación de todos los que creen. Hablar en lenguas sigue siendo, como lo fue el día de Pentecostés, la evidencia inicial del bautismo en el Espíritu Santo. Pero la evidencia definitiva se encuentra en Hechos 1:8—un testimonio valiente, lleno del poder del Espíritu. El resultado inmediato de que los 120 fueran llenos en el aposento alto no fueron solo las lenguas, sino el testimonio. Salieron a las calles de Jerusalén a proclamar el evangelio a personas de todo el mundo.

«Así que, los que recibieron su palabra fueron bautizados; y se añadieron aquel día como tres mil personas». (Hechos 02:41)

Es fácil para las iglesias pentecostales encerrar al Espíritu Santo en una caja.

- La «caja del templo»: donde solo se mueve dentro del edificio de la iglesia.

- La «caja del tiempo»: donde debe operar dentro de un marco horario estricto, generalmente una hora los domingos por la mañana.
- La «caja de las lenguas»: donde solo se le reconoce cuando habla por medio de una lengua desconocida e interpretación.
- La «caja de la tradición»: donde se le permite moverse, pero solo de maneras que encajen con las costumbres de la iglesia, la comunidad o la cultura.

Jesús no oró al Padre para que enviara al Espíritu Santo solo para encerrarlo en una caja. El Espíritu fue enviado para capacitar a los creyentes a ser testigos, discípulos y misioneros. Que nunca restrinjamos su obra, sino que nos rindamos a su dirección para que el evangelio sea proclamado con poder hasta los confines de la tierra.

5. El amor de Cristo

Nadie en el Nuevo Testamento tenía una mentalidad más orientada a la misión que el apóstol Pablo. Sin embargo, a pesar de su entrega, muchos en la iglesia de Corinto lo criticaban, incluso cuestionaban su derecho a ser llamado apóstol. Pero la mayor defensa de Pablo respecto a su ministerio se resume en estas palabras sencillas pero profundas: *«El amor de Cristo nos constriñe»*. (2 Corintios 5:14a)

Unos versículos más adelante, Pablo explica ese amor en el contexto de la misión de la iglesia: *«De modo que si alguno está en Cristo, nueva criatura es; las cosas viejas pasaron; he aquí todas son hechas nuevas. Y todo esto proviene de Dios, quien nos reconcilió consigo mismo por Cristo, y nos dio el ministerio de la reconciliación; que Dios estaba en Cristo reconciliando consigo al mundo, no tomándoles en cuenta a los hombres sus pecados, y nos encargó a nosotros la palabra de la reconciliación. Así que, somos*

Pastora Dra. Claudine Benjamin

embajadores en nombre de Cristo, como si Dios rogase por medio de nosotros; os rogamos en nombre de Cristo: Reconciliaos con Dios. Al que no conoció pecado, por nosotros lo hizo pecado, para que nosotros fuésemos hechos justicia de Dios en él». (2 Corintios 5:17–21)

En la vida cotidiana, el amor es una fuerza poderosa y determinante. Si alguien duda de esto, basta con observar los sacrificios que unos padres hacen voluntariamente por sus hijos. El amor es la fuerza motivadora más grande que conoce la humanidad. Esta es la naturaleza misma de Dios. El amor fue la razón por la que envió a su Hijo a morir por los pecados del mundo.

«Nosotros le amamos a él, porque él nos amó primero». (1 Juan 4:19)

Por eso, el amor de Cristo debe ser la fuerza que impulse la misión de la iglesia. Testificamos de Él porque lo amamos. Le servimos porque lo amamos. Obedecemos su mandato de participar en la mayor misión conocida en el cielo y en la tierra, porque lo amamos.

Que nunca se diga que la Iglesia de Dios simplemente diseñó un programa, planificó una estrategia o aprobó una resolución para obligar a sus miembros a participar en la misión. Aunque esas herramientas pueden tener su lugar, jamás deben reemplazar la verdadera motivación. Que siempre se sepa que: *«El amor de Cristo nos impulsa». (ver 2 Corintios 5:14)*

Dr. Raymond F. Culpepper
La conexión de la Gran Comisión

Capítulo 19

Mandato de predicar: la predicación bíblica y la Gran Comisión

Entre las últimas palabras de nuestro Señor Jesucristo antes de su ascensión estaba el mandato de predicar el evangelio. En concreto, ordenó que el arrepentimiento y el perdón de los pecados *«se predicaran en su nombre a todas las naciones, comenzando desde Jerusalén» (ver Lucas 24:47)*. En respuesta, Marcos registra: *«Y ellos, saliendo, predicaron en todas partes, ayudándoles el Señor y confirmando la palabra con las señales que la seguían».* (Marcos 16:20)

Uno no puede leer el Nuevo Testamento sin reconocer la prominencia de la predicación. Más de 115 veces aparecen palabras traducidas como «predicar», destacando términos clave como *kērussō* («proclamar como heraldo», en un contexto de anuncio real) y *euangelizō* («anunciar las buenas nuevas»), que aparecen más de cincuenta veces cada uno.

Cuando se trataba de cumplir con la Gran Comisión, *«Y todos los días, en el templo y por las casas, no cesaban de enseñar y predicar a Jesucristo».* (Hechos 05:42)

Pastora Dra. Claudine Benjamin

Juan predicó el bautismo de arrepentimiento (ver Hechos 10:37). Felipe predicó a Cristo en Samaria (ver Hechos 8:5). Pedro dijo que Jesús «nos mandó predicar al pueblo y testificar que Él es el que Dios ha puesto por Juez de vivos y muertos» (Hechos 10:42). Pablo declaró que fue ordenado y constituido como predicador (ver 1 Timoteo 2:7; 2 Timoteo 1:11) y consideraba que todas las demás funciones eran secundarias frente a ese llamado divino (ver 1 Corintios 1:17). A Timoteo se le instruyó: «Predica la palabra; insiste a tiempo y fuera de tiempo» (ver 2 Timoteo 4:2), y Pedro aconsejó a los creyentes dispersos, que vivían como extranjeros, que «santificaran a Dios el Señor en sus corazones, y estuvieran siempre preparados para presentar defensa con mansedumbre y reverencia ante todo el que os demande razón de la esperanza que hay en vosotros» (1 Pedro 3:15).

Los creyentes del Nuevo Testamento no podían dejar de predicar, pues hacerlo sería negar su propia identidad y abdicar de su propósito divinamente establecido. De igual forma, la Iglesia de Dios ha sido históricamente reconocida como una iglesia predicadora. Al relatar el crecimiento fenomenal ocurrido en 1910, el fallecido Dr. Charles W. Conn dijo:

> *«Durante ese año, los ministros predicaron en todo lugar donde lograban reunir oyentes: en iglesias, bajo carpas, en campos abiertos, bajo enramadas, en hogares, en escuelas, en esquinas, o a personas que encontraban por casualidad. Predicaban movidos por una compulsión interior que reconocían como un llamado divino; predicaban porque el mensaje de Dios ardía en sus corazones; predicaban porque amaban a su prójimo; predicaban porque, si no lo hacían, sentían que se perderían. Predicaban porque había pecadores que rescatar, creyentes que bautizar, afligidos*

que sanar, escépticos que convencer, mentes que formar y desesperanzados que consolar. No recibían alabanzas ni las esperaban; no predicaban por el aplauso de los hombres ni por vanidad—predicaban porque no podían hacer otra cosa. La elección fue de Dios, pero la responsabilidad era suya.

A veces fueron apedreados, atacados con huevos podridos y tomates, ridiculizados, despreciados, maldecidos, injuriados, calumniados, golpeados, escupidos, tiroteados, temidos y, en ocasiones, amados; pero nunca fueron ignorados... Recibían poca o ninguna paga; cinco de cada seis trabajaban durante el día y predicaban por la noche. Pero, aun así, predicaban... y mientras predicaban, muchos escuchaban y creían, y la fe pentecostal se extendía de forma maravillosa».

La predicación está arraigada en las Escrituras y revelada en el desarrollo de la historia de la Iglesia. No surgió de investigaciones empíricas ni de la experimentación de la Iglesia con diversas técnicas de comunicación. La Iglesia no predica porque se considere una buena idea ni porque sea una técnica eficaz para transmitir un mensaje. Predicamos porque se nos ha mandado predicar.

El contexto de la predicación

El mundo al que estamos siendo enviados es un mundo en constante cambio y cada vez más complejo. Las alianzas políticas están en continua transformación. Escuchamos amenazas constantes de terrorismo nuclear y biológico, así como sobre armas de destrucción masiva. La violencia se ha convertido en una epidemia. En lo económico, una caída en la economía global puede devastar a una nación de la noche a la mañana. Las normas sociales que antes se daban por sentadas ahora son objeto de burla pública, y la sociedad se ha deteriorado hasta el punto de que, en palabras de Jeremías, «hemos olvidado cómo sonrojarnos» (véase Jeremías 6:15; 8:12). Es una época marcada por cambios de paradigma, transformaciones geopolíticas y preocupaciones medioambientales. El mundo clama por hombres y mujeres que puedan abordar eficazmente los múltiples males políticos y sociales, pero en lugar de estadistas, recibe políticos.

Atrás quedaron los días de la Ilustración. Hemos entrado en un mundo que ha abrazado el humanismo secular y el relativismo moral, y que niega la existencia de la verdad absoluta. Se construyen continuamente múltiples estructuras de plausibilidad, y se invoca con frecuencia la imposibilidad de una interpretación objetiva. El poder ha quedado en manos de quienes controlan la información. La verdad se ha reducido a lo tecnológico, y la belleza se ha subordinado al ojo del observador. Los sentimientos se han equiparado al ser. La filosofía ha tomado un rumbo existencialista, la educación se ha inclinado hacia el escepticismo, las artes hacia lo sensual, y el ser humano hacia lo trascendente, convencido de que es su propio dios y que no necesita redención.

Vivimos en un mundo dominado por el miedo. Vemos una deuda creciente y una economía frágil, y nos preocupamos. Observamos el aumento de la criminalidad y la anarquía desatada, y nos preocupamos. Vemos una crisis de drogas, una epidemia de VIH y una degradación continua de los valores morales, y nos preocupamos. Presenciamos la secularización de la sociedad, divisiones raciales, personas sin hogar, abusos físicos y sexuales, y

La urgencia de ganar almas

nos preocupamos. Contemplamos la autodestrucción sistemática del núcleo familiar, y nos preocupamos.

Quizás las preguntas que siguen clamando por una respuesta sean estas: ¿Hay alguien escuchando? ¿A alguien le importa de verdad?

Uno de los predicadores más célebres y queridos de nuestros tiempos es Billy Graham. Hasta el 25 de abril de 2010, cuando se reunió con Barack Obama, el Dr. Graham había sido consejero espiritual de doce presidentes de los Estados Unidos y figura en el puesto número siete en la lista de las personas más admiradas del siglo XX según Gallup. Se dice que Graham ha predicado en persona a más personas alrededor del mundo que cualquier otro predicador en la historia. Según su equipo, para el año 1993, más de 2.5 millones de personas habían «dado un paso al frente en sus cruzadas para aceptar a Jesucristo como su Salvador personal». Detrás de los mensajes de Billy Graham hay cinco presupuestos. Él escribe:

> *Cuando salgo a proclamar el Evangelio, en cada congregación y ante cualquier grupo—ya sea en una esquina de Nairobi; en una reunión en Seúl, Corea; en un entorno tribal en Zaire; o en un estadio en la ciudad de Nueva York—sé que hay ciertas verdades que se cumplen en el corazón y la mente de todas las personas... Primero, las necesidades de la vida no se satisfacen con mejoras sociales ni con abundancia material. Esto es cierto en todo el mundo y en cada cultura. Jesús dijo: «La vida del hombre no consiste en la abundancia de los bienes que posee» (véase Lucas 12:15). Segundo, hay un vacío esencial en toda vida sin Cristo. Toda la humanidad clama por algo—algo que no*

sabe exactamente qué es. Dale a una persona un millón de dólares—no se sentirá satisfecha. O dale sexo y toda clase de placeres sensuales; eso tampoco sacia el anhelo profundo que clama por satisfacción... En los últimos dos años he hablado en algunas de las universidades más prestigiosas del mundo, y he escuchado el clamor lastimoso de jóvenes perdidos intelectual, psicológica y espiritualmente. Pascal tenía razón cuando dijo: «Hay un vacío en forma de Dios en cada vida que solo Dios puede llenar». Cuando proclamamos el Evangelio, hablamos directamente a ese vacío. Luego, podemos asumir que nuestros oyentes sienten soledad. Algunos la han llamado «soledad cósmica»... está en todas partes: soledad en los suburbios, soledad en los barrios marginales, soledad en África, soledad en América Latina, soledad en Japón. Es una soledad que solo Dios puede llenar. En cuarto lugar, hablamos a personas que cargan con un sentido de culpa. Esta es quizá la experiencia humana más universal, y también la más devastadora... De eso se trata la cruz. Cuando predicamos a Cristo, hablamos directamente al problema insistente y agobiante de la culpa.

Quinto, existe el temor universal a la muerte. No nos gusta hablar de la muerte en nuestra generación. Pero la muerte es real. Ese temor sutil no puede ser silenciado. Pero aquí está la buena noticia: nuestro Señor vino para anular la muerte. Con Su propia muerte y resurrección, dejó sin efecto tres cosas: el pecado, la muerte y el infierno. ¡Ese es el mensaje de la cruz! Es para un tiempo como este y para un mundo como el nuestro que tú y yo hemos sido llamados a levantarnos y proclamar: «El Espíritu del Señor está sobre mí, por cuanto me ha ungido para dar buenas nuevas a los pobres; me ha enviado a sanar a los quebrantados de corazón; a pregonar libertad a los cautivos, y vista a los ciegos; a poner en libertad a los oprimidos; a predicar el año agradable del Señor». (Lucas 4:18-19 - RVR1960) El evangelio es la panacea para los males del mundo y la solución para el pecado del hombre. Como el agua fresca para el alma sedienta, el evangelio trae «buenas noticias desde tierra lejana» (véase Proverbios 25:25).

La palabra «evangelio» (euangelion) es un término abarcador que describe las «buenas noticias» de que Dios ha hecho posible la salvación para la humanidad caída por medio de Su Hijo, Jesucristo. Esta salvación fue anunciada de antemano por los profetas y se cumplió con la venida del Mesías al mundo (véase Romanos 1:2-4). En la versión Reina-Valera, se describe como «el evangelio de Dios» (véase Romanos 1:1), «el evangelio de su Hijo» (véase Romanos 1:9), «el evangelio de Cristo» (véase Romanos 1:16), «el evangelio del Reino» (véase Mateo 4:23), «el evangelio de la gracia de Dios» (véase Hechos 20:24), «el evangelio de la salvación» (véase Efesios 1:13), «el evangelio de la paz» (véase Efesios 6:15) y «el evangelio eterno» (véase Apocalipsis 14:6). Aunque todos estos calificativos revelan aspectos distintivos del mensaje, el evangelio se resume en una sola verdad central: «Cristo Jesús vino al mundo para salvar a los pecadores, de los cuales yo soy el primero». (1 Timoteo 1:15)

La misión de la Iglesia de Dios es comunicar el evangelio completo de Jesucristo en el Espíritu y poder de Pentecostés. El término «evangelio completo» abarca la salvación (véase Romanos 1:16-17), la justificación por la fe (véase Romanos 3–5), la santificación por el Espíritu (véase Romanos 6–8), el bautismo en el Espíritu

Pastora Dra. Claudine Benjamin

Santo (véase Hechos 1:4-5; 2:38-39), el fruto y los dones del Espíritu (véase Gálatas 5:22-23; 1 Corintios 12–14), y la sanidad y liberación (véase Marcos 16:17-18). Es la proclamación de que Jesús es Salvador, Santificador, Bautizador, Sanador y Rey que ha de venir. ¡Todo se trata de Jesús! Si el contexto de nuestra predicación es «el mundo», el contenido de nuestra predicación debe ser «el evangelio».

En palabras del apóstol Pablo: *«Pues no me envió Cristo a bautizar, sino a predicar el evangelio; no con sabiduría de palabras, para que no se haga vana la cruz de Cristo. Porque la palabra de la cruz es locura a los que se pierden; pero a los que se salvan, esto es, a nosotros, es poder de Dios. Pues ya que en la sabiduría de Dios, el mundo no conoció a Dios mediante la sabiduría, agradó a Dios salvar a los creyentes por la locura de la predicación».* (1 Corintios 1:17-18, 21)

Estas palabras fueron dirigidas a la iglesia en la ciudad de Corinto, una de las mayores ciudades del Imperio romano. Situada en un gran istmo a unos ochenta kilómetros al oeste de Atenas, esta ciudad griega cosmopolita estaba en una importante ruta comercial y contaba con una economía próspera. Griegos, romanos, judíos y una multitud variada de marineros y comerciantes acudían a este cruce de caminos. Los Juegos Ístmicos se celebraban allí cada dos años. A finales del siglo II, Corinto se había convertido en una de las ciudades más ricas del mundo. Pablo consideraba que Corinto era una ciudad estratégica por su influencia, pero estaba llena de pecado. Fue una de las ciudades más perversas de la antigüedad. La degradación, la inmoralidad y las costumbres paganas abundaban.

Si querías condenar a alguien por inmoral, lo llamabas «corintio». Antes del ministerio de Pablo, no se conocía ni un solo cristiano en

Corinto. Al recordar su labor evangelizadora en la ciudad, escribió: *«Así que, hermanos, cuando fui a vosotros para anunciaros el testimonio de Dios, no fui con excelencia de palabras o de sabiduría. Pues me propuse no saber entre vosotros cosa alguna sino a Jesucristo, y a este crucificado. Y estuve entre vosotros con debilidad, y mucho temor y temblor; y ni mi palabra ni mi predicación fueron con palabras persuasivas de humana sabiduría, sino con demostración del Espíritu y de poder, para que vuestra fe no esté fundada en la sabiduría de los hombres, sino en el poder de Dios».* (1 Corintios 2:1-5)

Resumiendo el contenido de su predicación, Pablo dijo: *«Además os declaro, hermanos, el evangelio que os he predicado, el cual también recibisteis, en el cual también perseveráis; por el cual asimismo, si retenéis la palabra que os he predicado, sois salvos, si no creísteis en vano. Porque primeramente os he enseñado lo que asimismo recibí: Que Cristo murió por nuestros pecados, conforme a las Escrituras; y que fue sepultado, y que resucitó al tercer día, conforme a las Escrituras».* (1 Corintios 15:1-4)

El apóstol Pablo creía que el sencillo mensaje de la muerte, sepultura y resurrección de Jesucristo tenía un poder «incorporado» capaz de liberar a hombres y mujeres del dominio de las tinieblas y trasladarlos al reino de la luz. Pablo estaba convencido de que el Espíritu Santo toma el mensaje predicado, lo comunica al corazón y la mente con poder, y derriba toda barrera. El evangelio es el poder de Dios para salvación (véase Romanos 1:16).

Charles Spurgeon, en su libro *Lectures to My Students*, aconsejaba:

«Sea cual sea el texto que tomes, dirígete directamente a la cruz. Porque la cruz es la fuerza de todo ministro, y no la cambiaría por nada en el mundo. Un predicador sin la cruz es como un soldado sin sus armas o un obrero sin sus herramientas. Sin la cruz, yo sería como un piloto sin brújula o un artista sin pincel. Que otros prediquen sobre los gozos del cielo y los terrores del infierno. Que otros prediquen sobre los sacramentos y, por ende, sobre la iglesia. Que otros hablen de reforma y cuestiones sociales. Pero a mí, dadme la cruz. Dejadme predicar la cruz. Porque la cruz es el único instrumento que ha transformado el mundo de arriba abajo y ha hecho que los hombres abandonen sus pecados».

La construcción de nuestra predicación

La predicación bíblica comienza con la preparación del mensajero. E.M. Bounds dijo: «Predicar no es la actuación de una hora. Es el desbordamiento de una vida». Es el desbordamiento del corazón lo que da plenitud al hablar. La comunión con Dios en oración y el estudio constante de la Biblia no solo son fundamentales para una predicación eficaz, sino absolutamente esenciales para una vida fructífera.

Cuando Jesús llamó a sus discípulos, lo hizo *«para que estuvieran con Él, y para enviarlos a predicar» (Marcos 3:14)*. La implicación es que «estar con Él» era un requisito previo para predicar «en su nombre». El ministerio se origina y fluye de la comunión con Él.
El apóstol Pablo exhortó a Timoteo a estudiar (ver 2 Timoteo 2:15), a dar prioridad a la oración (ver 1 Timoteo 2:1), y luego demostró este principio con su propio ejemplo. Dijo que el labrador que trabaja debe ser el primero en participar de los frutos (ver 2 Timoteo

2:6) y advirtió sobre la posibilidad de predicar a otros y, sin embargo, quedar uno mismo descalificado de la carrera (ver 1 Corintios 9:27).

La importancia de la devoción no puede ser sobrestimada. Cuanto más rica sea tu devoción, más ricos serán tus sermones. Sin embargo, debe hacerse una advertencia en este punto: ten cuidado de no usar la oración y el estudio bíblico como un medio para un fin. Demasiados ministros han caído en la trampa de usar su tiempo devocional para «cazar textos» o «buscar sermones». Pasar tiempo con Jesús no es un medio para lograr algo. Él es el fin.

Sin embargo, inevitablemente, al pasar tiempo en Su presencia, el Espíritu Santo iluminará y aplicará la Palabra de Dios a tu vida. Te dará entendimiento de las Escrituras o pondrá en tu corazón una carga específica, ya sea en tu vida personal o en tu congregación.

Practica la disciplina de escribir en un diario tus pensamientos y las palabras que Dios te habla. Estas reflexiones serán invaluables para la preparación de tus sermones y te ayudarán a documentar tu propio viaje espiritual. Cuando se trata de la preparación de mensajes:

1. **Determina la necesidad.** La construcción de un sermón comienza con el discernimiento. «¿Cuál es la necesidad?» ¿Hay una necesidad de salvación? ¿De sanidad? ¿De corrección? ¿De ánimo? ¿De bautismo en el Espíritu? ¿De crecimiento cristiano? ¿Qué está haciendo Dios? ¿Qué está diciendo? Las necesidades suelen discernirse en tiempos de oración, lectura bíblica, ayuno o simplemente conviviendo con aquellos a quienes el Señor te ha llamado a pastorear.

2. **Selecciona la escritura apropiada.** A veces, la escritura será un libro completo de la Biblia, y otras veces, un pasaje largo que contiene una historia o enseñanza. Puede ser un estudio de personaje o, en ocasiones, un solo versículo de la Escritura.
3. **Comprende el texto.** Interpreta correctamente el pasaje seleccionado. Para hacerlo, léelo en su contexto inmediato y en el contexto más amplio del capítulo y el libro completo. Si hay pasajes paralelos, consúltalos. Un diccionario bíblico, una concordancia y libros dedicados al estudio de palabras pueden ayudarte a aclarar el significado de cada término. Una enciclopedia bíblica ayuda a comprender ampliamente los contextos culturales, ceremonias o temas históricos mencionados en el pasaje.
4. **Esquematiza el pasaje.** El esquema generalmente sigue el orden del texto e inicialmente contiene el lenguaje literal de los versículos. Muchas veces, surgirá un patrón, y con la ayuda de un diccionario y un tesauro, se pueden utilizar palabras o frases contemporáneas para identificar cada punto.
5. **Consulta comentarios y otros autores.** Es importante saber cómo ha sido tratado este texto o versículo históricamente. Los comentarios y libros de teología son una fuente de referencia útil para cualquier doctrina que pueda surgir o verse afectada por el texto.
6. **Desarrolla el mensaje.** Identifica el texto, interprétalo y ríndete a Dios en arrepentimiento. Muy a menudo, no apreciamos la gravedad de ese momento y simplemente añadimos una invitación al final de nuestros sermones sin un verdadero plan o reflexión sobre cómo concluiremos el mensaje para llamar a una decisión. Rara vez hay una transición fluida del sermón al llamado. Muchas veces,

parece un apéndice añadido a la proclamación, en lugar de ser el objetivo de la proclamación. Peor aún es la manera en que extendemos la invitación. Las indicaciones suelen ser indefinidas, y lo que se está pidiendo no queda claro. A menudo el tono es: «Si hay alguien aquí que quiera recibir a Jesús como su Salvador», en lugar de: «Los que estén aquí y quieran aceptar a Jesús como su Salvador, pasen al frente». Los ministros predican con demasiada frecuencia más allá del punto de convicción y pierden el clímax del servicio, cuando las almas están listas para ser recogidas, dando la impresión de estar más preocupados por terminar su sermón que por lanzar la red y llamar a la conversión. En mi opinión, el objetivo de todo servicio debe ser la invitación. El propósito de la predicación es llevar a los hombres a Cristo, y una vez que el mensaje ha sido comunicado, haya o no llegado al final, es momento de llamar a una decisión. Como uno de mis mentores en la predicación suele decir: «Sube al púlpito mirando hacia el altar».

7. **Predica desde el corazón.** Ya sea que prediques desde un manuscrito, un esquema o de forma espontánea, hazlo con convicción. David Hume era un escéptico y condenaba gran parte de lo que los cristianos consideraban sagrado. Un día, mientras corría por las calles de su ciudad, apresuradamente poniéndose su abrigo para la lluvia, alguien lo detuvo y le preguntó: «Señor Hume, ¿a dónde va con tanta prisa?».

«Para oír a George Whitfield» —fue la respuesta.

Totalmente sorprendido, el interlocutor preguntó:
—«¿Pero tú no crees en lo que cree el señor Whitfield, verdad?».

—«¡Claro que no!» —respondió—. «Pero Whitfield sí cree, y yo quiero escuchar a un hombre que cree en lo que dice».

El llamado a la predicación bíblica

La Gran Comisión depende de dar testimonio fiel de la obra salvadora de Dios por medio de Jesucristo. Todo aquel que invoque el nombre del Señor será salvo, ¿pero cómo oirán y creerán en Él sin un predicador? Nunca ha habido una necesidad más grande de predicadores y de la Palabra de Dios predicada que la que existe hoy. El llamado a predicar no se origina por herencia, no se logra desarrollando habilidades oratorias, ni se transmite por la imposición de manos del presbiterio. El llamado a predicar nace en el corazón de Dios y se comunica por medio del Espíritu Santo. A menudo, este llamado antecede al propio nacimiento.

La Palabra del Señor vino a Jeremías y le dijo que había sido santificado y designado como profeta desde el vientre de su madre (véase Jeremías 1:5). Lo mismo ocurrió con Isaías, quien dijo: *«El Señor me llamó desde el vientre»* (véase Isaías 49:1). El apóstol Pablo afirmó que fue Dios quien lo apartó desde el vientre de su madre y lo llamó por Su gracia, con el propósito de revelar a Su Hijo en él para que lo predicara entre los gentiles (véase Gálatas 1:15). La Escritura está llena de datos biográficos de predicadores y profetas y de cómo descubrieron el llamado soberano de Dios. Samuel despertó a su llamado cuando aprendió a distinguir la voz de Dios de la de Elí. Moisés lo escuchó en un encuentro crucial con Dios ya entrado en años, mientras estaba descalzo ante una zarza ardiente en el monte Horeb. En el caso de Isaías, su llamado vino por medio de una revelación divina del Señor de los ejércitos en el templo, el mismo año en que murió el rey Uzías.

La urgencia de ganar almas

Pablo tuvo un encuentro con el Señor resucitado mientras iba de camino a Damasco. Cada experiencia fue única, pero todas fueron divinas y con un propósito claro. Y así sigue siendo hoy. Dios sigue llamando a hombres y mujeres al sagrado servicio de proclamar Su Palabra. Ese llamado se manifiesta de distintas formas y en diversas circunstancias; sin embargo, su origen es claro y su propósito, firme. A menudo se describe como una compulsión interior ineludible e irresistible, una sensación de urgencia absoluta por predicar el evangelio de Jesucristo. Con frecuencia, esta urgencia viene acompañada de una carga espiritual profunda, la cual se evidencia por medio del fruto. Pero a quienes aceptan Su llamado, Dios les promete Su presencia eterna.

David Livingstone nació en Blantyre, Escocia, en 1813. De niño, muchas veces se sentaba en las rodillas de su padre y escuchaba historias de grandes hazañas misioneras que lo conmovían profundamente. Su joven corazón se sentía constantemente llamado, y oraba para que llegara el día en que él también pudiera servir al Señor de esa manera. Un punto de inflexión llegó cuando leyó la vida de Karl Gutzlaff, el médico misionero austríaco. Un día se arrodilló y oró: «Envíame a cualquier lugar, solo ve conmigo. Cárgame con cualquier carga, solo sostenme. Rompe cualquier lazo, menos el que me une a tu servicio y a tu corazón». Y dijo que, a través de todo aquello, las palabras del Señor vinieron a él: *«He aquí, yo estoy con vosotros todos los días, hasta el fin del mundo». (Mateo 28:20, RVR1960)*

Se casó con Mary, una joven extraordinaria, hija del famoso misionero Robert Moffat, y partió hacia África para comenzar su labor. Al llegar a su lugar de servicio, anotó en su diario: *«La imagen persistente del humo de mil aldeas en el sol de la mañana ha quedado grabada en mi corazón»*. Siguió avanzando hacia el norte, adentrándose en territorios desconocidos. Luego envió a su esposa e hijos de regreso a casa. La siguiente vez que vio a Mary fue cinco años después. Ella no lo reconoció al verlo: su rostro estaba quemado y ennegrecido, con una apariencia curtida por el clima extremo y las enfermedades. Un león lo había atacado y destrozado completamente uno de sus hombros. Se había golpeado con la rama de un árbol, lo que lo dejó ciego de un ojo y con daños en el otro.

Sin embargo, cada vez que atravesaba los pasillos de una universidad para dar una conferencia, miles se ponían en pie para aplaudir, reconociendo que un gigante entre los hombres estaba ante ellos. Tras regresar a África, continuó su labor. Durante su extensa y ardua carrera, pasó largos períodos separado de sus seres queridos. Luego, cuando se reunió nuevamente con Mary, ella enfermó gravemente y falleció poco tiempo después. Arrodillado junto a su tumba, lloró y dijo: «Jesús mío, mi Rey, mi Vida, mi Todo, de nuevo entrego mi vida a Ti. No valoraré nada que posea ni nada que haga, si no está relacionado con Tu reino y con Tu servicio». Y a lo largo de todo, las palabras del Señor volvieron a él: «He aquí, yo estoy con vosotros todos los días, hasta el fin del mundo».

En 1873, David Livingstone murió de rodillas en una aldea en el corazón de África. En palabras de Ravi Zacharias: «He aquí la calidad de vida de un hombre que nos muestra el poder que nace de estar en contacto con el mundo, en contacto con su mensaje y desconectado de sus propias comodidades y derechos». Al haber vivido con esa entrega, dejó una huella imborrable de Cristo en el corazón del pueblo africano. Y así es: al predicar entre quienes se arrodillan ante otros dioses, tú y yo, en contacto con ellos, en contacto con Dios y desligados de nuestras propias comodidades, podemos alcanzar a las multitudes para Cristo.

Mark L. Williams, D.Min. | D.D.

Subdirector General
Director Ejecutivo, División de Educación

Capítulo 20

†

Evangelismo personal y la Gran Comisión

La Gran Comisión *personal*

D. T. Niles dijo una vez: «La evangelización es un mendigo diciéndole a otro mendigo dónde encontrar pan». Esta frase capta la naturaleza personal de la evangelización, pero ¿qué hay de lo grande en la Gran Comisión? La yuxtaposición de estas dos palabras (personal y grande) merece una reflexión más profunda.

Cuando pensamos en la Gran Comisión, imaginamos un movimiento global: la iglesia llevando el evangelio a todas las naciones. Visualizamos creyentes de todos los rincones del mundo predicando a Cristo a los perdidos. Pero ¿cómo se vuelve personal esta misión? ¿Dónde encaja el discípulo individual dentro del plan de Dios para la proclamación mundial de la salvación?

La respuesta se ilustra mejor en las Escrituras a través del relato de Jesús sanando al hombre endemoniado de Gadara, registrado en Marcos 5:1–20.

Pastora Dra. Claudine Benjamin

La mayor parte del ministerio de Jesús tuvo lugar en Capernaum y sus alrededores, una ciudad en la costa noroeste del mar de Galilea. Este lago de agua dulce, que desemboca en el río Jordán, limitaba con regiones judías y gentiles. La costa occidental pertenecía a Galilea, una provincia judía, mientras que el lado oriental era hogar de gentiles. Al sureste del lago y al este del río Jordán se encontraba la Decápolis, un término griego que significa Diez Ciudades. Entre estas ciudades estaban Gerasa, Gergesa y Gadara, y a sus habitantes se les conocía como gerasenos, gergesenos o gadarenos. Esta región quedaba más allá de las fronteras de Israel, donde la gente no adoraba al Dios de Abraham, Isaac y Jacob.

Fue en esta tierra pagana donde Jesús se encontró con una de las figuras más trágicas de las Escrituras: un hombre poseído por demonios. Conocido como Legión, estaba fuera de control, viviendo entre los muertos en un estado de aislamiento y tormento. Otros habían intentado ayudarlo, pero su esclavitud interior era más fuerte que cualquier intervención humana. Ningún poder terrenal podía cambiarlo, solo Jesucristo, el Hijo de Dios. Y cuando Cristo ordenó a los demonios que salieran, el hombre fue completamente liberado, transformado y restaurado.

Lo que sucedió después demuestra cómo la evangelización personal se conecta directamente con la Gran Comisión: «*Al entrar él en la barca, el que había estado endemoniado le rogaba que le dejase estar con él. Mas Jesús no se lo permitió, sino que le dijo: Ve a tu casa, a los tuyos, y cuéntales cuán grandes cosas el Señor ha hecho contigo, y cómo ha tenido misericordia de ti. Y se fue, y comenzó a publicar en Decápolis cuán grandes cosas había hecho Jesús con él; y todos se maravillaban*». Marcos 5:18–20 (RVR1960)

El hombre anhelaba seguir a Jesús. Dada su transformación tan dramática, parecía lo más lógico (incluso estratégico) que viajara con Cristo y compartiera su testimonio. Podría haber sido un testigo poderoso, un ejemplo viviente de la autoridad de Jesús sobre las fuerzas demoníacas, atrayendo a grandes multitudes para escuchar el evangelio. Sin embargo, Jesús no le permitió unirse a los discípulos que viajaban con Él. En cambio, lo comisionó para que regresara a casa y testificara a aquellos que mejor lo conocían. ¿Por qué? Porque la evangelización comienza en el hogar. Antes de alcanzar a las naciones, el evangelio debe transformar hogares, comunidades y amistades. Jesús vio la necesidad mayor, no solo la devoción de un hombre, sino la salvación de toda una región.

El hombre obedeció sin dudarlo. Volvió a su casa y comenzó a proclamar las buenas nuevas, compartiendo su testimonio con aquellos que antes lo temían o lo compadecían. Su credibilidad era innegable; la gente había sido testigo de su tormento pasado y ahora contemplaba su transformación milagrosa. Incluso los granjeros locales confirmaron su liberación, haciendo que su testimonio fuera aún más poderoso.

Su fidelidad dio fruto. En Marcos 7:31, Jesús volvió a Decápolis, la misma región a la que había enviado al hombre para testificar. Para entonces, el impacto de su testimonio era evidente. Las multitudes acudieron a Jesús, lo que dio lugar a milagros notables, como la sanidad de un hombre sordo (véase Marcos 7:33–37) y la alimentación de cuatro mil personas (véase Marcos 8:1–9). ¿Qué atrajo a tantos hacia Jesús? Tal vez fue el testimonio valiente de un solo hombre que obedeció el mandato del Señor.

Pastora Dra. Claudine Benjamin

Este relato ejemplifica cómo se cumple la Gran Comisión a nivel personal. Dios no llama a todos los creyentes a una plataforma pública, pero sí llama a cada uno a compartir el evangelio dentro de su esfera de influencia. Si has sido salvado, tienes un testimonio, una historia de transformación por medio de Cristo. Como el hombre sanado en Gadara, estás llamado a proclamar las grandes cosas que el Señor ha hecho por ti. ¿Quién en tu vida necesita escuchar hoy las buenas nuevas?

Capítulo 21

Alcanzando a los no alcanzados: misiones mundiales y la Gran Comisión

Las misiones mundiales no son simplemente un aspecto del trabajo de la iglesia, son el mismo latido del corazón de la Gran Comisión. La misión de Dios está entretejida en el tejido mismo de las Escrituras, desde el Génesis hasta el Apocalipsis. Jesucristo no vino solo para un grupo selecto de personas; vino para todas las naciones, todas las tribus y todas las lenguas. Su sacrificio en la cruz fue la máxima expresión del amor de Dios por el mundo (Juan 3:16), y su mandato a sus seguidores fue claro: *«Por tanto, id, y haced discípulos a todas las naciones, bautizándolos en el nombre del Padre, y del Hijo, y del Espíritu Santo: enseñándoles que guarden todas las cosas que os he mandado; y he aquí yo estoy con vosotros todos los días, hasta el fin del mundo. Amén».* (Mateo 28:19-20)

A pesar de lo claro que es este mandato, muchas iglesias hoy en día tratan las misiones como una tarea secundaria, un programa más entre tantos. Pero las misiones mundiales no son un departamento; son la razón misma por la que existe la iglesia. Sin evangelismo, la iglesia pierde su propósito y desobedece su llamado.

Dick Hillis lo expresó acertadamente: *«No es nuestra responsabilidad traer al mundo a Cristo; pero sí es nuestra responsabilidad llevar a Cristo al mundo»*.

Esta distinción es fundamental. No podemos obligar a nadie a aceptar la salvación, pero sí **debemos** asegurarnos de que cada persona tenga la oportunidad de escuchar el mensaje de Cristo. La iglesia existe por tres razones principales:

1. **Ministerio al Señor:** adoración, oración y glorificación de Dios.
2. **Ministerio al Cuerpo:** fortalecer a los creyentes mediante el discipulado y el cuidado.
3. **Ministerio al Mundo:** evangelismo, misiones y actos de servicio.

Y en la base de todo está el amor, porque el amor es la señal que identifica al verdadero cristiano (ver Juan 13:35). El mayor acto de amor jamás demostrado fue el de Dios al enviar a su Hijo (ver Romanos 5:8). Como sus discípulos, estamos llamados a seguir su ejemplo llevando su mensaje a quienes nunca lo han escuchado.

El Fundamento Bíblico de las Misiones

Aunque las palabras *misión* y *misionero* no aparecen explícitamente en las Escrituras, el concepto está profundamente arraigado en el plan redentor de Dios. Toda la Biblia es un libro misionero—desde el llamado de Dios a Abraham para bendecir a las naciones (véase Génesis 12:1-3) hasta la escena final en el Apocalipsis, donde personas de toda tribu, lengua y nación están delante del trono de Dios (véase Apocalipsis 7:9).

La palabra *misionero* proviene del latín *missio*, que significa «enviar», y guarda un paralelismo con el término griego *apostello*, que significa «los enviados». Un misionero no es simplemente alguien que va, sino alguien que es enviado—comisionado por Dios y por la iglesia local para proclamar el evangelio (véase Hechos 13:1-3).

Sin embargo, las misiones no consisten únicamente en evangelizar; consisten en hacer discípulos. Jesús mandó que bautizáramos y enseñáramos, asegurándonos de que los nuevos creyentes crezcan en la fe y maduren. Por eso la obra misionera está incompleta sin la plantación de iglesias. Un verdadero esfuerzo misionero establece un cuerpo de creyentes autosostenible que continúa con la obra del evangelio en su propia cultura.

El papel de la Iglesia en las Misiones

Cada iglesia local desempeña un papel en el cumplimiento de la Gran Comisión. El pastor es el líder local de esta misión divina. Si un pastor no cree en las misiones o no les da importancia, es probable que la congregación tampoco las priorice. Donde hay silencio en el púlpito sobre las misiones, **habrá silencio en los bancos de la iglesia.**

Las Misiones Mundiales no son un esfuerzo opcional: son un mandato del propio Cristo. Cada creyente debe reconocer su responsabilidad personal en la tarea de compartir el evangelio.

La Gran Comisión: una asignación divina

La palabra *comisión* implica un mandato con autoridad, un encargo, y una delegación de poder para un propósito específico. La Gran

Comisión no es simplemente una sugerencia: es una asignación de Jesucristo a sus seguidores.

Pasajes clave de la Gran Comisión

A lo largo de las Escrituras, Cristo dio su mandato final de distintas formas, reafirmando el llamado a compartir el evangelio con el mundo.

1. Mateo 28:18-20 – El mandato de hacer discípulos

Este pasaje es, quizás, la declaración más conocida de la Gran Comisión. Jesús dijo: *Toda potestad me es dada en el cielo y en la tierra. Por tanto, id, y haced discípulos a todas las naciones, bautizándolos en el nombre del Padre, y del Hijo, y del Espíritu Santo; enseñándoles que guarden todas las cosas que os he mandado; y he aquí yo estoy con vosotros todos los días, hasta el fin del mundo. Amén».*

Hay tres elementos clave que destacan:

1. **Poder**: Jesús nos asegura que no estamos solos en esta misión. Su poder y autoridad son los que nos capacitan.
2. **Propósito**: El llamado es a hacer discípulos, bautizar a los nuevos creyentes y enseñarles la Palabra de Dios.
3. **Presencia**: Jesús promete estar con nosotros mientras obedecemos su mandato.

El verdadero discipulado exige compromiso. En tiempos bíblicos, los discípulos seguían a sus rabinos tan de cerca que se decía que estaban «cubiertos con el polvo de sus pies». Esa imagen refleja su entrega total a aprender y vivir según las enseñanzas de su maestro. Hoy, Cristo nos llama a tener ese mismo nivel de dedicación.

2. Marcos 16:15-18 – La urgencia de la misión

Jesús también ordenó: «...Id por todo el mundo y predicad el evangelio a toda criatura. El que creyere y fuere bautizado será salvo; mas el que no creyere será condenado. Y estas señales seguirán a los que creen: en mi nombre echarán fuera demonios; hablarán nuevas lenguas; tomarán en las manos serpientes, y si bebieren cosa mortífera, no les hará daño; sobre los enfermos pondrán sus manos, y sanarán».

Este pasaje resalta tres aspectos fundamentales:

1. **El llamado a ir:** Cada nación, cada grupo de personas y cada individuo debe escuchar el evangelio.
2. **La consecuencia del rechazo:** Quienes rechacen a Cristo enfrentarán la separación eterna de Dios.
3. **El poder del creyente:** Señales y milagros acompañarán a quienes obedezcan el mandato de Cristo.

3. Lucas 24:47-48 – El llamado a predicar el arrepentimiento

Jesús declaró: «*...que se predicase en su nombre el arrepentimiento y el perdón de pecados en todas las naciones, comenzando desde Jerusalén. Y vosotros sois testigos de estas cosas*».

El arrepentimiento implica:

1. Dolor genuino por el pecado.
2. Confesión de lo que se ha hecho mal.
3. Decisión de apartarse del pecado.
4. Restituir en lo posible.
5. Recibir el perdón.

Este mensaje debe proclamarse a **todas las naciones**. Nadie está exento del llamado a la salvación.

Los valores fundamentales de las misiones mundiales

Santiago condena a las iglesias que priorizan la riqueza y el lujo por encima del **servicio cristiano práctico**. El verdadero trabajo misionero se enfoca en cuatro valores fundamentales:

- **Ganar a los perdidos:** compartir el evangelio con quienes nunca lo han escuchado.
- **Discipular a los creyentes:** asegurar la madurez espiritual de los nuevos convertidos.
- **Formar líderes:** preparar pastores, misioneros y obreros.
- **Cuidar de los necesitados:** servir a los pobres, a los sin hogar y a los desamparados.

La misión no es un programa: es el propósito de la Iglesia. Como el corazón de Dios late por los perdidos, todos los que le siguen deben compartir esta misión.

«Si un cristiano no está involucrado en las misiones, no está haciendo Su voluntad».

El llamado que no puede esperar

Al llegar al final de este libro, el mensaje permanece claro y contundente: el tiempo es corto, la mies es mucha y los obreros son pocos. La urgencia de ganar almas no es solo una súplica apasionada, sino un mandato divino que nuestro Señor Jesucristo ha dado a cada creyente. La Gran Comisión no es una opción para la Iglesia; es el mismo latido de nuestra fe y el propósito de nuestra existencia.

En un mundo que se oscurece cada día más, la luz del evangelio debe brillar con más fuerza a través de nosotros. Hay almas en juego—algunas de las cuales quizás nunca oirán la verdad si no hablamos, si no vamos, si no damos, si no oramos. El cielo es real. El infierno es real. La eternidad es segura. Y el amor debe impulsarnos a actuar.

Levantémonos como embajadores de Cristo, revestidos de compasión, guiados por la verdad y empoderados por el Espíritu Santo. Que no permanezcamos más en silencio ni distraídos, sino que actuemos con urgencia, intención y obediencia. Este es nuestro momento en la historia. No lo desperdiciemos.

Que nuestros corazones ardan con el fuego del evangelismo. Que nuestros pies corran con alegría a anunciar las buenas nuevas. Y que nuestras vidas estén totalmente rendidas a la misión de hacer discípulos de todas las naciones, empezando por el alma que tenemos justo delante.

La Gran Comisión sigue siendo grande.

El momento es ahora.

Pastora Dra. Claudine Benjamin

El llamado es tuyo.

Ve.

«*Y les dijo: Id por todo el mundo y predicad el evangelio a toda criatura*». *(Marcos 16:15).*
   «*Algunos desean vivir al alcance del sonido de las campanas de una iglesia o capilla; yo quiero dirigir un puesto de rescate a un paso del infierno*». —C.T.

Capítulo 22

Equipando a la iglesia para el evangelismo

En un mundo cada vez más oscuro y alejado de Dios, la iglesia debe levantarse, no solo como un lugar de adoración, sino como un campo de entrenamiento para la batalla. El llamado a la evangelización no es una actividad opcional en la vida del creyente: es el latido mismo del cristianismo. Evangelizar es el encargo divino de la iglesia y su misión más urgente.

Para alcanzar a los perdidos, la iglesia debe estar equipada. Una iglesia sin formación es una iglesia sin preparación. Y una iglesia sin preparación será ineficaz. Ha llegado el momento de capacitar a cada creyente para que sea un ganador de almas, un embajador de Cristo y una luz en medio de las tinieblas.

La Iglesia: el instrumento estratégico

La estrategia de Dios para alcanzar al mundo siempre ha incluido a su pueblo. Desde los profetas del Antiguo Testamento hasta los apóstoles en el Nuevo, Dios ha usado de forma constante a hombres y mujeres para llevar su mensaje. Hoy, sigue utilizando a la Iglesia como su instrumento de salvación en la tierra.

Pastora Dra. Claudine Benjamin

En Efesios 4:11-12, Pablo escribe: *«Y él mismo constituyó a unos, apóstoles; a otros, profetas; a otros, evangelistas; a otros, pastores y maestros, a fin de capacitar a los santos para la obra del ministerio, para la edificación del cuerpo de Cristo»*.

Este pasaje deja algo claro: los líderes de la iglesia no están llamados solo a predicar, sino a equipar. Su función es formar, guiar y movilizar a los santos para la obra del ministerio, lo cual incluye la evangelización.

Barreras para la evangelización en la Iglesia

Antes de poder equipar de forma eficaz, debemos reconocer y confrontar los obstáculos que frenan la evangelización en muchas congregaciones:

1. Miedo al rechazo o al fracaso

Muchos creyentes temen no tener las palabras adecuadas o ser rechazados. Ese miedo los paraliza.

2. Falta de formación

Demasiadas iglesias no ofrecen enseñanza sobre evangelización ni espacios para practicarla.

3. Comodidad y conformismo

En las sociedades prósperas, la urgencia de la salvación suele perderse entre las comodidades de la vida eclesial rutinaria.

4. Visión poco clara

Cuando los líderes no comunican una visión evangelística clara, el pueblo permanece inactivo.

Estas barreras deben abordarse con enseñanza intencional, discipulado y la creación de una cultura en la iglesia donde ganar almas no solo se celebre, sino que se espere como parte natural de la vida cristiana.

Construir una cultura de equipamiento para la evangelización

Preparar a la iglesia para evangelizar requiere un enfoque multidimensional. Involucra la mente, el espíritu y la aplicación práctica.

1. Preparación espiritual

La evangelización no es solo una tarea; es una misión espiritual. Los creyentes deben ser empoderados por el Espíritu Santo.

Jesús dijo a sus discípulos: *«Pero recibiréis poder, cuando haya venido sobre vosotros el Espíritu Santo, y me seréis testigos...»*. (Hechos 1:8a)

Antes de cualquier actividad de alcance, la iglesia debe estar en oración. Los líderes deben fomentar un ambiente de hambre espiritual mediante ayuno, intercesión y enseñanza sobre el papel del Espíritu Santo. La evangelización debe fluir de la intimidad espiritual con Dios.

Pastora Dra. Claudine Benjamin

2. Alfabetización bíblica

Para testificar con eficacia, los creyentes deben saber qué creen y por qué. La Escritura es nuestro fundamento. El equipamiento debe incluir:
- Versículos clave sobre la salvación (por ejemplo, Romanos 3:23; 6:23; Juan 3:16; Romanos 10:9-10).
- Cómo explicar el pecado, el arrepentimiento, la gracia y la vida eterna.
- Comprender la diferencia entre religión y relación con Dios.

Cuando los creyentes están firmemente arraigados en la Palabra, no se dejan sacudir ni intimidar con facilidad.

3. Desarrollo del testimonio personal

Cada creyente tiene una historia. Una de las herramientas más poderosas para evangelizar es el testimonio de una vida transformada. Enseña a la congregación a compartir su testimonio de forma clara y concisa, enfocándose en lo que Dios ha hecho en sus vidas.

Apocalipsis 12:11a dice: *«Y ellos le han vencido por medio de la sangre del Cordero y de la palabra del testimonio de ellos...»*.

4. Formación práctica y simulaciones

Talleres, sesiones de entrenamiento para el alcance evangelístico y simulacros de encuentros con no creyentes ayudan a los creyentes a ganar seguridad. Es aquí donde lo teórico se vuelve práctico. Forma parejas entre creyentes nuevos y ganadores de almas con experiencia. Proporciona materiales como folletos, tarjetas con el evangelio y herramientas digitales.

5. Discipulado continuo

La evangelización no termina con la conversión. La iglesia debe estar preparada para discipular a los nuevos creyentes. Clases, programas de mentoría y grupos de rendición de cuentas son vitales para el crecimiento espiritual y la permanencia en la fe.

Mateo 28:20 nos instruye a enseñar a los nuevos creyentes «que guarden todas las cosas que os he mandado». El discipulado es la continuación natural de la evangelización.

Liderazgo: encendiendo la llama

Los líderes de la iglesia deben predicar con el ejemplo. Cuando los pastores evangelizan, el pueblo se siente inspirado a seguirlos. La predicación debe incluir mensajes que resalten la urgencia de la salvación, la realidad de la eternidad y el gozo de llevar a otros a Cristo.

Los líderes deberían:

- Nombrar y formar un equipo de evangelismo.
- Establecer metas de alcance y planes de compromiso comunitario.
- Incluir momentos de testimonios durante los cultos.
- Celebrar públicamente las victorias en la ganancia de almas.

Cuando la evangelización se convierte en parte del ADN de la iglesia, el crecimiento es inevitable—no solo en número, sino también en madurez espiritual.

La evangelización como estilo de vida

El objetivo final no es solo organizar eventos de evangelismo, sino cultivar la evangelización como un estilo de vida. Cada creyente debe verse a sí mismo como un misionero, en su trabajo, en su vecindario, en su familia. La iglesia se reúne para ser equipada, pero se dispersa para alcanzar al mundo.

Nunca debemos olvidar: el cielo y el infierno son reales. El tiempo es corto. Jesús viene pronto. La iglesia debe estar equipada y encendida en fuego.

Exhortación final

La hora es avanzada. La cosecha está madura. Los obreros son pocos.

Pero Dios está llamando a Su iglesia a levantarse, a prepararse, a ir y a ganar almas.

Es tiempo de equipar a la iglesia para evangelizar—no mañana, sino hoy.

«¿No decís vosotros: Todavía faltan cuatro meses para que llegue la siega? He aquí os digo: Alzad vuestros ojos y mirad los campos, porque ya están blancos para la siega». (Juan 04:35)

Sección de reflexión

Preguntas de reflexión personal

1. ¿Estás personalmente preparado para compartir el Evangelio con alguien? Si no lo estás, ¿qué te lo impide?
2. ¿Cuándo fue la última vez que hablaste a alguien sobre Jesús?
3. ¿Has hecho del evangelismo un estilo de vida, o es algo que solo consideras de vez en cuando?
4. ¿De qué maneras puedes apoyar o participar en los esfuerzos de alcance de tu iglesia?
5. ¿Qué disciplinas espirituales (oración, ayuno, estudio bíblico) puedes fortalecer para prepararte mejor para ganar almas?
6. ¿Has compartido tu testimonio recientemente? ¿Cómo podrías usarlo mejor para guiar a alguien a Cristo?
7. ¿Qué pasos concretos puedes dar esta semana para alcanzar a una persona que no conoce al Señor?

Desafío: Elige a una persona en tu vida que no conozca a Jesús. Ora por ella todos los días esta semana y busca una oportunidad para compartirle el Evangelio.

Oración final

Padre, en el nombre de Jesús, te doy gracias por el llamado a alcanzar a los perdidos. Perdóname por las veces en que he guardado silencio o he dudado. Enciende dentro de mí un fuego santo para cumplir con la Gran Comisión. Equípame con Tu Palabra, fortaléceme con Tu Espíritu y dame valentía para proclamar el Evangelio con amor y claridad. Úsame como Tu

Pastora Dra. Claudine Benjamin

instrumento, en mi iglesia, mi familia, mi comunidad y más allá. No permitas que me conforme con una vida cristiana rutinaria, sino que cada día de mi vida sea un campo misionero. Recibo el manto de un ganador de almas, y hoy digo sí a Tu llamado. En el nombre de Jesús. Amén.

Lista de referencias bíblicas: Equipando a la iglesia para el evangelismo

La Gran Comisión y el Mandato de Evangelismo

- Mateo 28:19–20
- Marcos 16:15
- Hechos 1:8
- Juan 4:35

Poder del Espíritu Santo

- Lucas 24:49
- Hechos 2:1–4
- Zacarías 4:6

Equipando a los santos

- Efesios 4:11–12
- 2 Timoteo 2:2
- 2 Timoteo 3:16–17

Valentía al testificar

- Romanos 1:16
- Proverbios 28:1
- Hechos 4:29–31

Importancia de la Palabra

- Romanos 10:9–10
- Romanos 3:23
- Romanos 6:23
- Juan 3:16

Superar el miedo

- 2 Timoteo 1:7
- Isaías 41:10
- Filipenses 4:13

Testimonio y victoria

- Apocalipsis 12:11
- Salmo 107:2
- 1 Pedro 3:15

Escrituras sobre ganar almas y la Gran Comisión

La Gran Comisión (El Mandato)

- **Mateo 28:19–20** – Id y haced discípulos a todas las naciones.
- **Marcos 16:15** – Predicad el evangelio a toda criatura.

La urgencia de la cosecha

- **Juan 4:35** – Los campos ya están blancos para la cosecha..
- **Romanos 13:11** – Ya es hora de despertarnos del sueño.
- **Proverbios 24:11** – Libra a los que son llevados a la muerte.

Empoderados para testificar

- **Hechos 1:8** – Recibiréis poder para ser testigos.
- **2 Timoteo 4:2** – Predica a tiempo y fuera de tiempo.
- **Mateo 10:7–8** – Mientras vais, predicad, sanad y liberad.

La realidad de la eternidad

- **Hebreos 9:27** – Está establecido que el hombre muera una sola vez, y después el juicio.

- **Mateo 25:46** – Castigo o vida eternos.
- **Lucas 16:23** – En el Hades alzó sus ojos, estando en tormentos.

El llamado a ir y rescatar

- **Judas 1:23** – Salvando a otros, arrebatándolos del fuego.
- **Isaías 6:8** – ¿A quién enviaré? Heme aquí, envíame a mí.
- **Ezequiel 3:18** – Advierte al impío de su camino.

Fidelidad a la misión

- **1 Corintios 9:16** – ¡Ay de mí si no predico el evangelio!
- **Daniel 12:3** – Los que enseñan la justicia a muchos brillarán como estrellas.
- **Gálatas 6:9** – No nos cansemos de hacer el bien.

Oración de compromiso con la Gran Comisión

Padre Celestial:
Vengo ante Ti hoy con un corazón conmovido por la urgencia de este tiempo. Gracias por salvarme, redimirme y llamarme a Tu Reino para un momento como este. Reconozco que la Gran Comisión no es una sugerencia, sino un mandato. Y acepto ese mandato con humildad, responsabilidad y un corazón dispuesto.

Lléname de valentía, compasión y del fuego del Espíritu Santo para ser un ganador de almas. Abre mis ojos a los perdidos que me rodean. Rompe mi corazón por lo que rompe el Tuyo. No permitas que guarde silencio mientras otros perecen. Dame sabiduría para hablar, valor para actuar y sensibilidad para seguir la guía de Tu Espíritu.

Ya sea una sola alma o muchas, ayúdame a ser fiel. Que mi vida predique más fuerte que mis palabras. Úsame en mi hogar, en mi trabajo, en mi comunidad y dondequiera que Tú me envíes.

Señor, me rindo a Tu llamado. Iré. Hablaré. Serviré. Amaré. Que se haga Tu voluntad a través de mí.

En el nombre de Jesús.

Amén.

Llamada a la acción: tus próximos pasos como ganador de almas

1. Ora cada día por los perdidos.

Pídele a Dios que ponga personas específicas en tu corazón. Escríbelas y preséntalas en oración.

2. Prepara tu testimonio.

Ten listo un relato sencillo, honesto y guiado por el Espíritu sobre lo que Jesús ha hecho en tu vida.

3. Empieza donde estás.

No necesitas un micrófono ni un viaje misionero para comenzar. Comparte el evangelio con tu familia, amigos, vecinos y compañeros de trabajo.

4. Equípate con la Palabra.

Estudia versículos clave sobre la salvación, el evangelismo y el poder del evangelio. Está preparado para dar razón de tu fe.

5. Colabora con tu iglesia local.

Involúcrate en actividades de alcance, equipos de evangelismo o apoya misiones con tus oraciones y ofrendas.

6. Mantente lleno del Espíritu Santo.

Necesitas poder divino, valentía y discernimiento. Busca a Dios a diario por su guía y su presencia.

7. No te rindas.

No todos responderán de inmediato. Sigue sembrando semillas y confía en Dios para la cosecha.

Estás llamado. Estás escogido. Estás enviado.

Ve… y gana almas para Cristo.

Bibliografía

Guy P. Duffield and N.M. Van Cleave, Foundations of Pentecostal Theology (Los Angeles: L.I.F.E. Bible College, 1983), 430.

Charles W. Conn, Like a Mighty Army: A History of the Church of God (Cleveland, Tenn.: Pathway Press, 1977), 103-104.

J.D. Douglas, ed., The Work of an Evangelist: International Congress for Itinerant Evangelists, Amsterdam, the Netherlands, (Minneapolis: World Wide Publications, 1984), 96-97.

C.H. Spurgeon, Lectures to My Students (London: Passmore and Alabaster, 1881), I/72.

Max Lucado. Interview. Online: www.preaching.com.

John R.W. Stott, Between Two Worlds (Grand Rapids: Wm. B. Erdmanns Publishing Company, 1994), 92.8 Douglas, Ibid., 107

Marvin J. Newell, *Commissioned* (St. Charles, Illinois: Church Smart Resources, 2010), 44.

www.ingramcontent.com/pod-product-compliance
Lightning Source LLC
Chambersburg PA
CBHW070738160426
43192CB00009B/1490